Couverture inférieure manquante

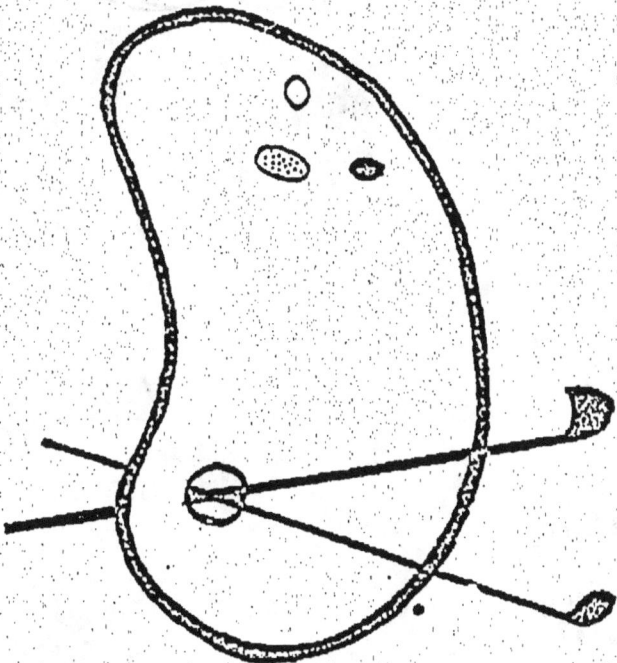

DEBUT D'UNE SERIE DE DOCUMENTS
EN COULEUR

Docteur Henry CHANTALA

LES FOLIES DE LA FOULE

TOULOUSE

GIMET-PISSEAU, ÉDITEUR

66, Rue Gambetta, 66

—

1907

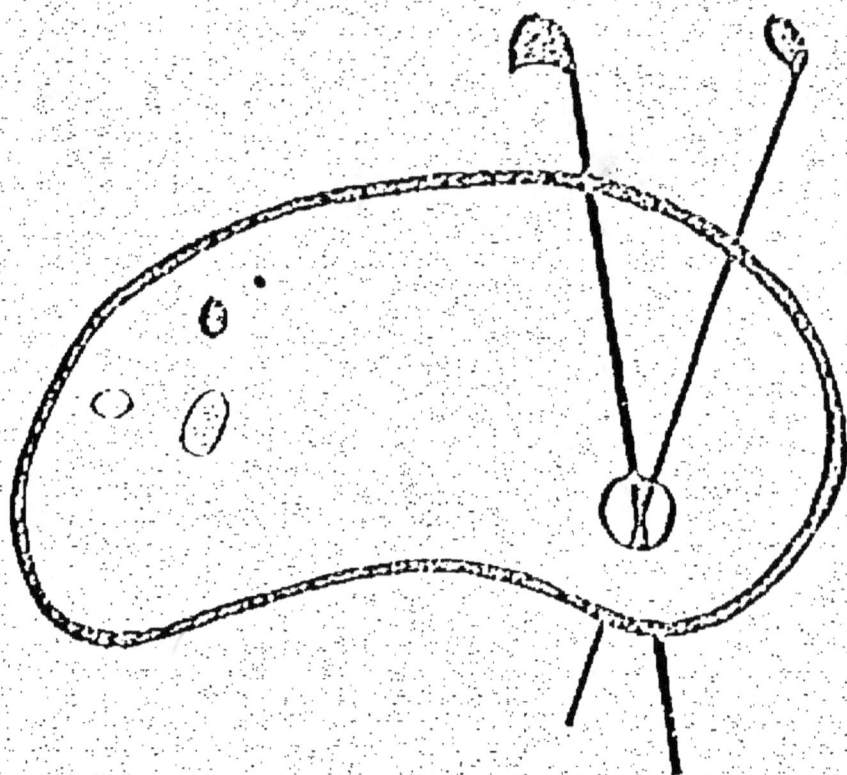

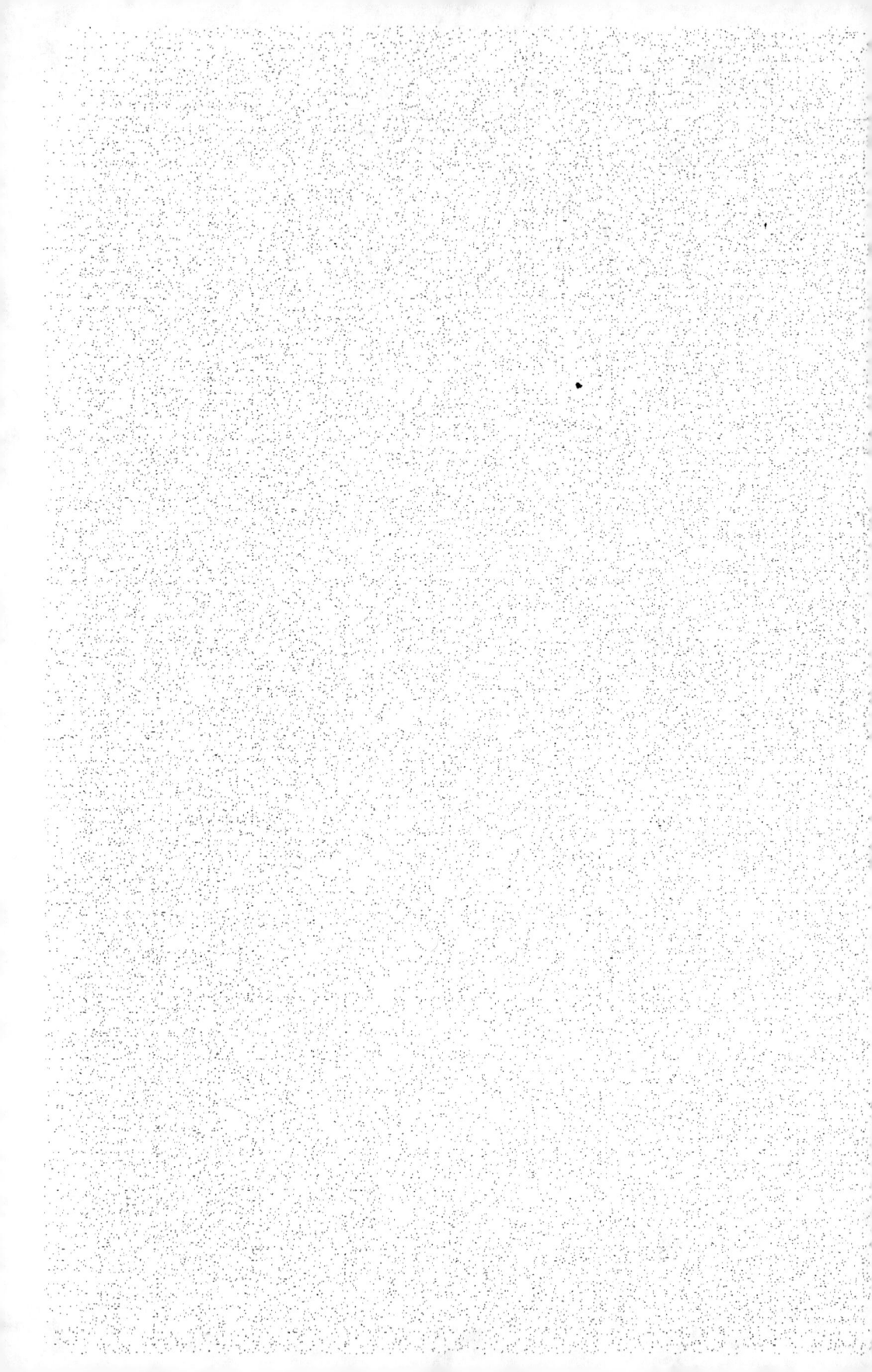

Docteur Henry CHANTALA

LES FOLIES DE LA FOULE

TOULOUSE

GIMET-PISSEAU, Éditeur

66, Rue Gambetta, 66

1907

A MA MÈRE

———

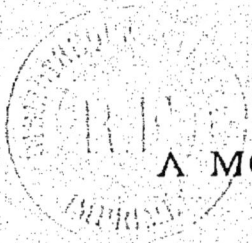

A MON PÈRE

———

MEIS ET AMICIS

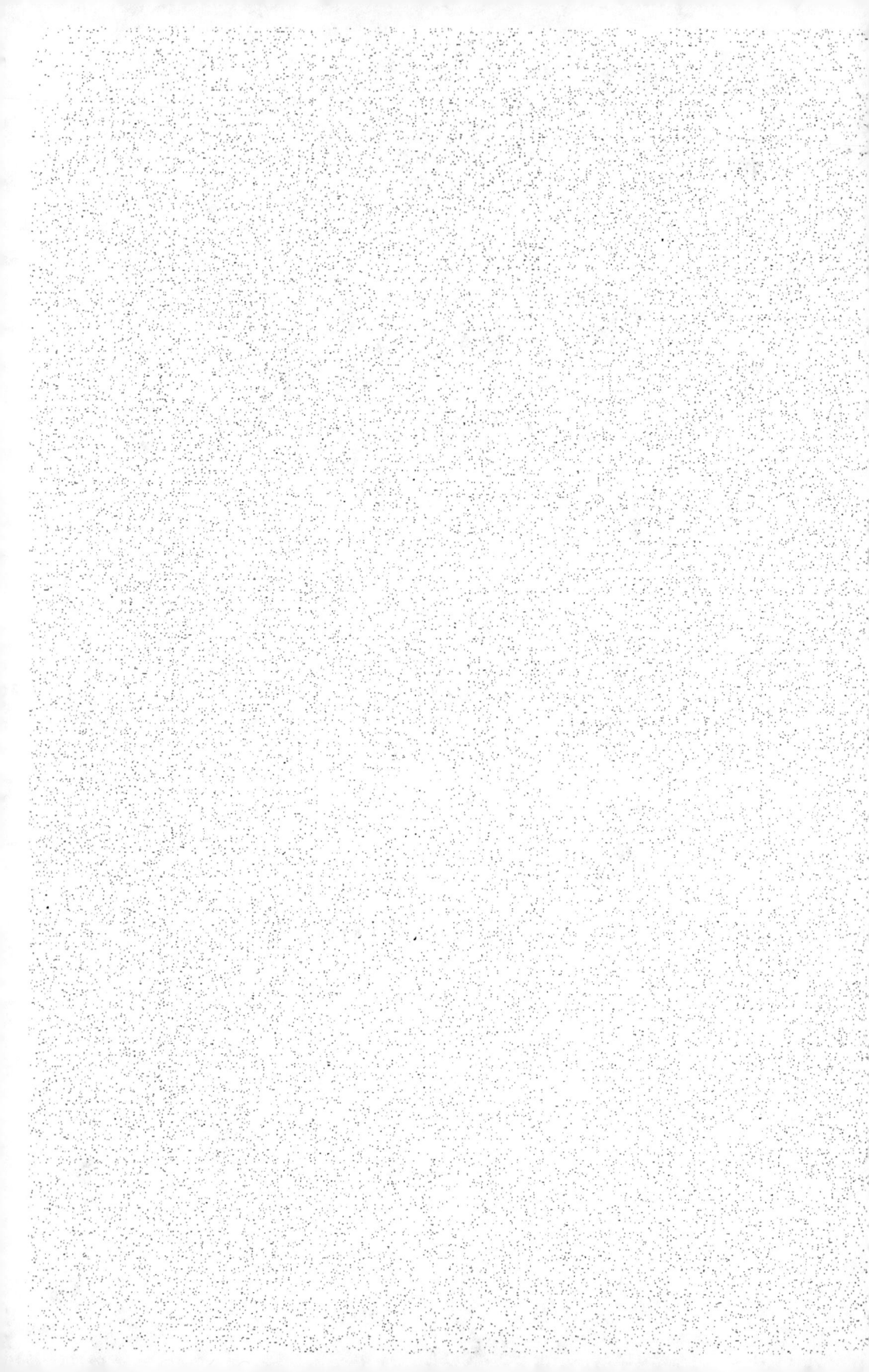

A TOUS MES MAITRES

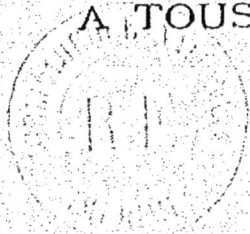

A M. LE PROFESSEUR RÉMOND

Qui a bien voulu nous faire l'honneur
d'accepter la présidence de notre
thèse,

Hommage de respectueuse reconnaissance

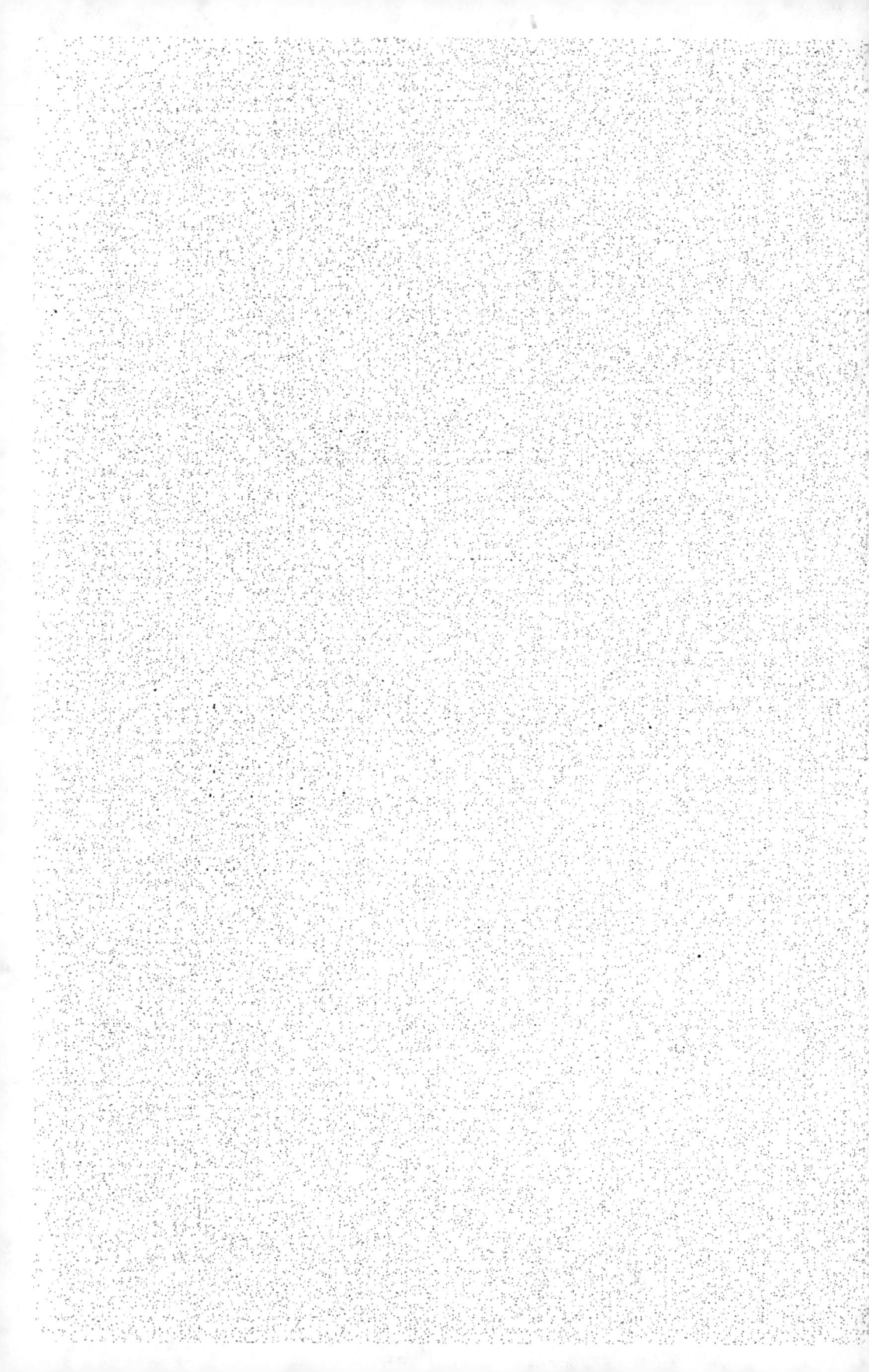

CONSIDÉRATIONS GÉNÉRALES

La foule est une force terrible qui a sa pathologie comme elle a sa psychologie.

Cet agrégat de molécules humaines possède une puissance inouïe. Les gouttes d'eau en nombre infini deviennent le torrent dévastateur ou la mer séduisante.

La foule est la pire et la meilleure des choses.

Quelle chose intéressante que la mentalité de ce monstre aux milliers de corps? que deviennent les esprits qui se heurtent, s'écaillent, au contact les uns des autres?

Des hommes en grande majorité mauvais, égoïstes, peuvent sous la même influence devenir subitement altruistes et secourables et former une *foule bienfaisante*.

D'autres, qui, pris à part, sont d'honnêtes et pondérés bourgeois, se muent en un clin d'œil en brutes sanguinaires.

Un mot souvent déclanche la folie de la foule, la folie de la peur surtout; déchaînée par exemple dans une bataille par le cri : Sauve qui peut !

« Sauve qui peut ! affront ! horreur ! toutes les bouches
Criaient; à travers champs, fous, éperdus, farouches,
Comme si quelque souffle avait passé sur eux;
Parmi les lourds caissons et les fourgons poudreux
Roulant dans les fossés, se cachant dans les seigles,
Jetant shakos, manteaux, fusils, jetant les Aigles,
Sous les sabres prussiens, ces vétérans, ô deuil,
Tremblaient, hurlaient, pleuraient, couraient... »

« Délire d'enthousiasme ou délire de fureur. La foule portera en triomphe l'homme qu'elle vient d'insulter, ou égorgera sans réflexion l'homme qu'elle vient d'acclamer et qu'on accuse et qu'on poursuit, impulsive dans l'admiration comme dans le meurtre.

Shakespeare l'a peinte admirablement avec ses reflux dans « *Jules César* ». Ce n'est pas la « vile multitude » dont parlait insolemment Thiers, c'est la bête humaine, fauve et éperdue — que la peur trop souvent domine, la peur, cette peur irraisonnée qui sème la panique dans les armées, fait voter les assemblées, arme les agglomérats humains : la peur qui faisait dire à Cambon, résumant en quelques mots les luttes géantes : Nous nous redoutions tous comme dans la nuit. » (Jules Claretie).

Nous avons voulu faire une étude clinique des folies de la foule.

Nous nous sommes inspirés dans ce sujet d'un travail non encore achevé de M. le professeur Rémond et Voivenel. Nous avons suivi leur plan et exposé leurs idées... Qu'ils reçoivent nos remerciements. Attirés par les manifestations morbides d'une série d'individualités qui, prises à part, sont parfois normales, ils ont recueilli dans la vie contemporaine, l'histoire et la littérature un certain nombre d'observations.

Nous avons pu constater que les folies de la foule ne varient pas à l'infini et nous avons divisé notre étude en quatre chapitres :

Les trois premiers chapitres sont consacrés à trois formes habituelles de folie de la foule :

1° La folie de la peur.

2° La folie du vandalisme et du sadisme.

3° La névrose religieuse.

Dans le quatrième chapitre sous le titre : *Folies diverses,* nous avons étudié en plusieurs paragraphes : les extravagances de la mode, le suicide épidémique, la versatilité et l'hystérie de la foule.

CHAPITRE Iᵉʳ. — Dans la folie de la peur, nous avons cru pouvoir grouper avec Rémond et Voivenel les peurs en :

a) Peurs politiques, dont on trouve des exemples si parfaits dans la Révolution française ;

b) Peurs médicales, peur de la contagion.

c) Peurs morales, peur de tout, de la mort, de Dieu, mysticisme affolé des foules.

Dans le groupe *a,* nous avons décrit surtout ce qu'on appela en 1789 « la Grande Peur ». Nous avons essayé de l'expliquer par l'état de la France au début de la Révolution, la misère, l'anarchie, le passage brusque d'un état à un autre, le manque d'étapes. La foule, brutale-

ment sortie des ténèbres, amenée en pleine
lumière, a été éblouie, puis affolée, et croyant
voir un danger là où elle n'avait plus de guide,
elle s'est laissé envahir par des sentiments
spontanés et divers.

Dans le groupe *b*, nous étudions les peurs
de la contagion. Les idées délirantes qui ger-
ment dans chaque cerveau sont multipliées
par la foule qui commet les actes les plus in-
vraisemblables. Nous donnons comme proto-
types, deux observations cliniques : l'une prise
dans le livre de Manzoni « *Les Fiancés* » ;
c'est la description de la peste de Milan ; l'autre, prise sur le vif en 1907, est cette folie de
la vaccination qui s'est emparée des populations.

Dans le groupe *c*, nous développons les célèbres terreurs de l'an 1000.

CHAPITRE II. — Nous prenons des exemples
de vandalisme et de sadisme : dans l'antiquité ;
à la Révolution française ; de 1789 à nos jours.

Dans l'antiquité, nous puisons surtout dans
l'époque de la décadence romaine.

Dans la Révolution française, nous choisis-

sons les massacres de septembre : le martyre
de Mme de Lamballe ; les fessées civiques ; les
excès des armées de la République.

Après la Révolution, nous étudions l'assassinat du général Ramel à Toulouse ; les fessées
de la Restauration. Nous prenons des observations, en littérature dans « *Germinal* », dans
« *Le Jardin des Supplices* ». Enfin, avec Cabanès et L. Nass, nous expliquons le mélange
de vandalisme et de sadisme qui se trouve
dans les folies de la foule par un vestige des
temps passés où l'amour se gagnait de haute
lutte comme chez les bêtes fauves.

Chapitre III. — Des exemples de névrose
religieuse sont encore pris : dans l'antiquité,
avant et après la Révolution. Nous prenons
comme observations : le culte du Dieu Moloch,
les miracles du diacre Pâris à la fin du xvii^e
siècle, le culte de l'Etre suprême, les sacrifices
du Dahomey, les tueries de l'Inde.

Chapitre IV. — Nous présenterons rapide-
ment ici les extravagances de la mode pendant
la Révolution. Comme versatilité de la foule,
nous citerons l'anecdote de l'abbé Maury que

la foule hostile porte en triomphe parce qu'il a eu un bon mot.

Nous rappellerons les suicides épidémiques de la Révolution et nous croirons trouver dans l'actuelle affaire Soleillant un cas d'hystérie de la foule.

Ainsi nous aurons :

« Un faisceau d'observations bien réunies et groupées, dont l'étude peut nous expliquer cette mystérieuse chimie des âmes qui se transforment en se mélangeant. » (Rémond et Voivenel).

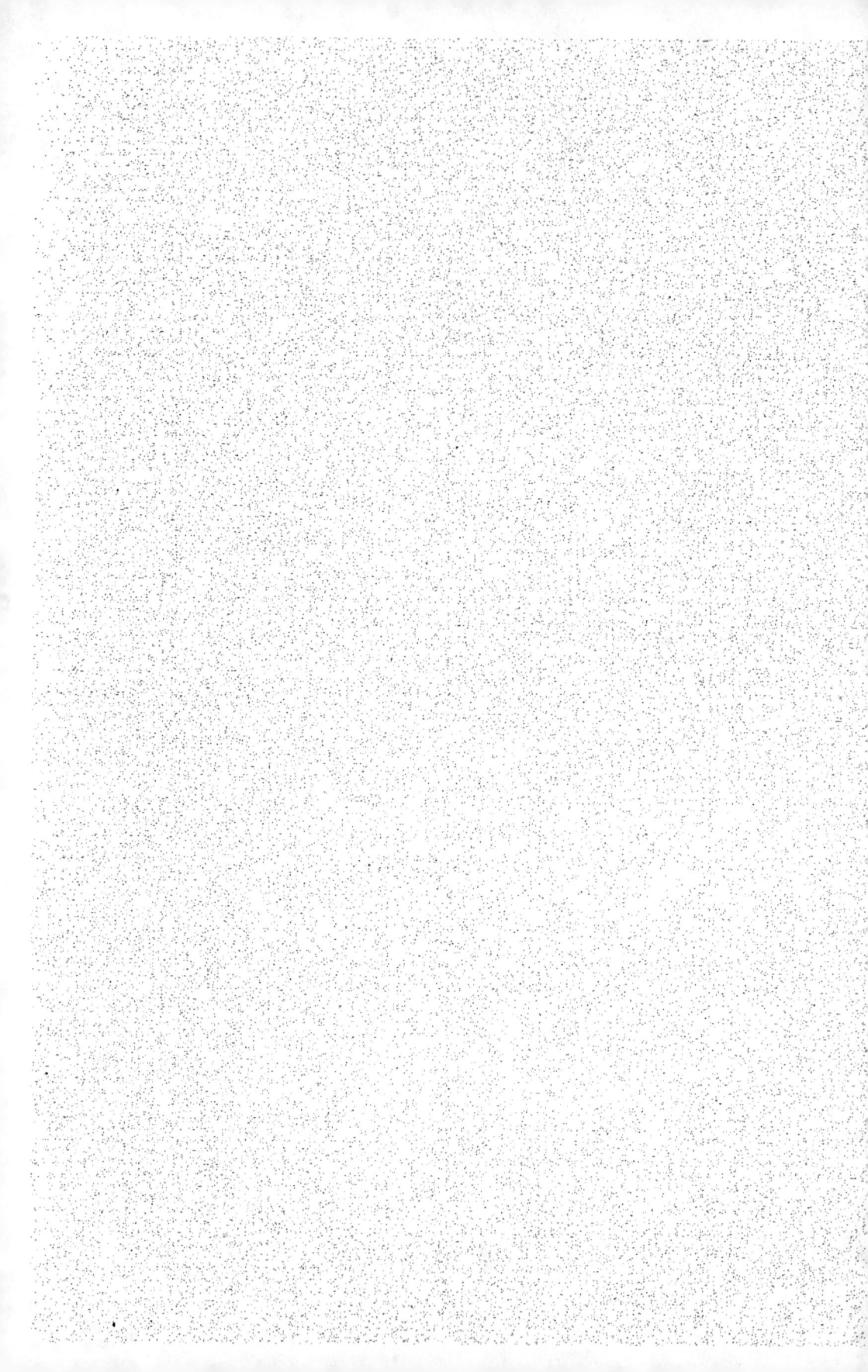

CHAPITRE PREMIER

La Peur

La folie de la peur est une des plus fréquentes folies de la foule.

a) *Les peurs politiques*, dont nous trouvons de si parfaits exemples dans la Révolution française;

b) *Les peurs médicales*, peur de la contagion; nous citerons quelques pages de Manzoni si caractéristiques sur la peste de Milan et l'affolement du peuple;

c) *Les peurs vagues*, peur de tout, peur de choses mystérieuses.

« Mon aïeul, quand il parlait du *jour de la peur* en Périgord, hochait la tête. Magnétisme inexpliqué! Tout un pays qui d'instinct s'effare à la même heure. Pas de télégraphe encore, pas de nouvelles. Un vent qui passe, une odeur d'orage. Et c'est la peur! » (Claretie). Nous citerons dans cette catégorie les célèbres terreurs de l'an 1000.

2

a) La peur politique

Cette peur a été magistralement étudiée par les docteurs Cabanès et L. Nass, dans leur livre *La névrose révolutionnaire*.

A l'heure où les passions politiques sont surchauffées, les esprits inquiets, tendus, sont prêts à délirer. Les moindres mots, les gestes d'ordinaire insignifiants, suffisent pour donner leur vol à une série de divagations dangereuses quand elles sont partagées par des milliers d'hommes.

Ces peurs éclatèrent de tout temps. Au Moyen-âge, la folie s'emparait souvent des foules misérables, mal nourries, mal couchées, crédules et superstitieuses. Les insurrections, les guerres, les guerres civiles surtout, semble-t-il, ont donné naissance à des névroses de la peur.

Mais l'exemple typique nous est fourni par la Révolution française, surtout par l'étude de ce qu'on a appelé « La Grande Peur ».

« Le centre de la France, notamment, fut secoué par cette épidémie singulière, à laquelle on a donné le nom de Grande Peur. Dans chaque ville elle se manifestait de la même façon. Un soir, des bruits étranges circulaient : on annonçait l'arrivée de plusieurs milliers de brigands, armés jusqu'aux dents, et qui dévastaient tout sur leur passage, laissant après eux l'incendie et la ruine.

Telle une nuée d'orage qui s'amoncelle et éclate dans un ciel sombre, la nouvelle grossit, obsède les moins timorés. Un homme arrive en courant; à quelques lieues des remparts il a vu, de ses yeux vu, sur la route blanche un gros nuage de poussière, soulevé par une troupe en marche; un autre a entendu le tocsin d'alarme du village voisin. Plus de doute, dans une heure, en moins de temps peut-être, la ville va être mise à sac.

Aussitôt bourgeois et ouvriers de prendre les armes; fusils, baïonnettes, piques, haches, instruments de travail, tout est réquisitionné. Une milice s'improvise; les plus courageux partent en avant à la recherche de l'ennemi. Reviendront-ils?

En attendant, les femmes enfouissent les objets précieux, tremblent pour leurs enfants... Une heure, deux heures se passent. Mortelle angoisse! La nuit tombe, doublant l'épouvante et l'alarme. Les patrouilles circulent; les torches éclairent lugubrement les carrefours.

Cependant les paysans, chassés par la terreur, accourent en hâte, chacun poussant devant soi son maigre mobilier. On dirait d'une ville qui, d'un instant à l'autre va être investie.

Mais voici venir l'avant-garde. Elle n'a rencontré aucun brigand. La peur diminue. Encore quelques jours et elle s'évanouira dans un vaste éclat de rire.

Ces brigands d'opérette, ces fantômes se sont évaporés, comme une brume d'automne aux rayons de soleil.

L'Auvergne, le Bourbonnais, le Limousin, le Forez, furent tour à tour visitées par cette singulière panique.

Dans certains bourgs, le souvenir en fut plus vivace que tout autre évènement révolutionnaire, si bien qu'on en fit une donnée mnémotechnique. On disait de quelqu'un : il est né le jour de la peur, comme on aurait dit : il est né le jour de la Prise de la Bastille.

L'épidémie — car on peut assimiler une panique à une épidémie — suivit une trajectoire nord-ouest, sud-est. Elle s'abattit aussi, mais avec moins de régularité, dans le Dauphiné, en Alsace, en Franche-Comté, en Normandie, en Bretagne, etc.

Les Parisiens eux-même n'y échappèrent pas.

Dans la nuit du 17 juillet 1789, le bruit court que des hordes armées marchent de Montmorency sur Paris. L'épouvante envahit les citoyens encore sous l'exaltation de la journée du 14. Le tocsin sonne dans soixante paroisses, la milice effectue une sortie, mais elle ne trouve rien... qu'un lièvre, aussitôt abattu d'un coup de fusil. La petite troupe se répand alors dans les champs et s'amuse à tirer du gibier. La mousqueterie s'entend des remparts; la cavalerie arrive au galop. Tout se termine dans une hilarité générale...

Dans les campagnes, l'épouvante fut plus grande.

Le paysan n'ayant pas la force du nombre se sentait désarmé; l'arrivée des brigands marquerait l'heure de sa ruine irrémédiable. Le soir, la lisière des bois, à l'orée du village prenait un aspect menaçant; la clarté de la lune rendant plus opaque l'ombre des grands arbres ajoutait à l'effroi général. Les gens, figés d'angoisse, étaient tous comme des enfants apeurés dans la nuit, tremblant au moindre froissement des feuilles ». (Cabanès et L. Nass).

Que voilà une admirable observation de folie de la peur. Quelle interprétation délirante des moindres faits par la foule névrosée!

Et cette névrose est contagieuse. Elle englue toute la France. Elle s'imprime sur les cerveaux... et les enfants s'en souviendront, qui sont nés *l'annado de la Paou*.

Taine, dans ses Origines de la France contemporaine, cite de nombreux exemples de cette peur. Le 28 juillet 1889, à Angoulême, vers trois heures de l'après-midi, le toscin sonne, la générale bat, on crie aux armes, on monte des canons sur les remparts : il faut mettre la ville en défense contre 15.000 bandits qui approchent, et du haut du mur on découvre avec effroi, sur la route, un tourbillon de poussière. C'était le courrier qui passait allant à Bordeaux. Là-dessus le nombre des brigands se réduit à 1.500, mais il est avéré qu'ils ravagent la campagne. A neuf heures du soir, il y a 20.000 hommes sous les armes, et ils passent ainsi la nuit, écoutant toujours sans rien entendre. Vers trois heures du matin, nouvelle alarme, toscin ; on se forme en bataille, on est sûr que les brigands ont brûlé Ruffec. Verneuil, Larochefoucauld et autres lieux. Le lendemain, contre les bandits toujours absents, les campagnes arrivent pour prêter main-forte. « A neuf heures, dit un témoin, nous avions dans la ville 40.000 hommes que nous remerciâmes ». Puisque les bandits ne se montrent pas, c'est qu'ils sont cachés : cent hommes à cheval et quantité à pied vont fouiller la forêt de Braconne, et à leur grande surprise ne trouvent rien.

Mais la peur ne se calme pas : en 1891, près du Mont-Dore, on montrait à Mme Campan une roche à pic où une femme s'était réfugiée et d'où on n'avait pu la descendre qu'avec des cordes.

Le peuple qui s'arme contre les brigands s'arme aussi contre des ennemis politiques, contre les tyrans qu'il voit partout. Le moindre « ci-devant » devient un être dangereux.

Dès le jour même de l'assemblée électorale, le peuple se soulève ; dès 1789 et en moins de quinze jours il y a dans la province quarante à cinquante insurrections.

Les grands mots font de grands effets — d'ailleurs n'en font-ils pas autant au xxe siècle ? — Au nom du droit interprété d'une façon délirante la foule assasine ses ennemis politiques.

Malheur à ceux que l'on soupçonne d'avoir con-

tribué de loin ou de près aux maux du peuple. « A
Toulon, on demande la tête du maire qui signe les
taxes et de l'archiviste qui garde les rôles ; ils sont
foulés aux pieds et leurs maisons dévastées... A Ma-
nosque, l'évêque de Sisteron qui visitait le séminaire
est accusé de favoriser un accapareur. Comme il
regagnait à pied son carrosse, il est hué, menacé ;
on lui jette de la boue, puis des pierres. Les consuls
en chaperon et le subdélégué, qui accourent pour
le protéger, sont meurtris, repoussés. Quelques furieux, sous ses yeux, commencent à creuser une
fosse pour l'enterrer. » (Taine).

Tous ces faits sont causés par la peur. Le peuple
qui se croit près d'être régénéré a peur de tous ceux
qui pourraient soutenir ou rappeler l'ancien régime.
Les brigands imaginaires sont remplacés par des
êtres véritables, les anciens privilégiés, que le peuple, par crainte d'un retour au passé, veut faire dis-
paraître.

Nous nous contenterons de ces exemples vraiment
remarquables de la folie de la peur.

Quelle a pu être l'étiologie de cette folie de la foule ?

La première cause est la disette. L'hiver de 1788 à
1789 a été terrible. La récolte mauvaise ne peut nour-
rir le peuple. Le pain est très cher et celui que l'on
vend de très mauvaise qualité. Tous les pauvres
errent sur les routes. La faim leur donne des griffes,
le misérable devient vagabond et brigand.

Les châteaux sont pillés. Celui qui possède devient

la proie de celui qui veut... et celui qui veut, veut comme un barbare... On a peur de ces êtres féroces qui sont les va-nu-pieds attroupés. Sur cette peur logique, on greffe une interprétation délirante, la foule a de véritables hallucinations. Elle entend, elle voit des choses imaginaires. Un courrier dont les roues soulèvent de la poussière représente aux yeux de la foule folle une armée en marche.

Mège, dans son étude sur la Grande Peur, rappelle qu'on l'a attribuée à un complot largement préparé, soit, disait-on, par la Cour, soit par Lafayette, Mirabeau, le parti d'Orléans. C'est là une opinion qu'on ne peut soutenir. Il eût fallu, pour ourdir un tel complot, trop de tactique, trop d'audace, trop de génie inventif. Il eût fallu tenir les évènements dans sa main, comme Eole tenait les vents dans son urne (Rémond et Voivenel).

Cabanès et L. Nass, parlant en psychologues et psychiâtres, écrivent finement :

« Il n'y a à notre sens, qu'une seule cause efficiente de la Grande Peur : elle réside tout entière dans l'état d'âme de la société révolutionnaire. Celle-ci a été atteinte de panique, parce que, brutalement sortie des ténèbres où la maintenait le pouvoir absolu, amenée en pleine lumière, elle a été éblouie, puis affolée, et que, croyant voir un danger là où elle n'avait plus de guide, étonnée de ne plus sentir la main de fer de l'autorité, elle s'est laissé envahir par une foule de sentiments spontanés et divers.

« La société révolutionnaire ne saurait mieux être comparée qu'à une troupe de collégiens qui ont trompé la vigilance de leur surveillant et se sont sauvés dans la campagne; ils jouent, ils chantent, ils rient, heureux de leur liberté, fiers d'agir comme des hommes; mais bientôt le soir baisse, une vague inquiétude les gagne — l'inquiétude de l'inconnu — puis la peur les étreint ; ils se regardent, se rapprochent, et tout à coup dévalent en hâte vers le collège, où les attendent les remontrances et le châtiment, mais ou du moins la sécurité leur est garantie. » (Cabanès et Nass).

Cet affolement général et, pour ainsi dire, impromptu, caractérise parfaitement l'âme de la foule en 1789. Il ne conduit pas encore aux violences des paniques suivantes.

Plus tard, à la Fête de la Fédération de 1791, des rumeurs sinistres ayant couru dans le public, on découvre deux hommes cachés sous l'autel de la Patrie; on les égorge sur l'heure. (Intermédiaire des Chercheurs, 6 oct. 1898).

En mai 1792, les troupes françaises de Lille, apprenant les désastres de Quiévrain et de Tournai, crient à la trahison; les soldats et le peuple sont pris d'une terreur folle. Ils se précipitent sur le général Théobald Dillon et sur un officier de génie nommé Berthois, et les massacrent instantanément.

Une autre fois ce sont les Jacobins qui se laissent gagner par la contagion de la peur: le bruit ayant couru que leur salle de réunion est minée, qu'elle va faire explosion d'un moment à l'autre, on nomme une délégation qui va inspecter les caves du club et revient un instant après déclarer n'avoir rien trouvé d'anormal.

On pourrait rapporter à profusion des cas analogues pendant cette période : « les uns ayant eu pour cause le mysticisme ambiant ; les autres, la suspicion croissante, inévitable entre ennemis, entre rivaux, entre gens qui aujourd'hui suivent la même route, et demain se dénonceront mutuellement — suspicion qui éclot dans l'humus révolutionnaire, grandit comme une plante vénéneuse, étend sur les cités l'ombre épaisse de la terreur et de la haine. »

b) La peur folle des maladies

Voici une des variétés les plus nettes de la folie de la peur... Une épidémie s'est emparée d'une ville, d'une province. La peur, l'horrible peur de la mort, s'empare de la foule, une crainte où il entre quelque chose de mystérieux, comme la peur du mauvais ange qui, dans l'Écriture, marque les portes de ceux qui sont condamnés.

Toutes les idées délirantes jaillissent alors des cerveaux. On voit la contagion partout. Chaque étranger est vu jeter de sort ou gettatore... On demande aide aux puissances occultes. On se couvre d'amulettes. En Italie, les cornes, mises comme breloques, préservent du mauvais sort.

La maladie, œuvre de la misère et de la malpropreté, devient l'ouvrage des ennemis du peuple. Un véritable délire de persécution s'empare des populations. Les persécutés deviennent ensuite des persécuteurs et commettent de véritables atrocités.

A Digne, que la peste ravage, on propose de brûler la ville avec ses habitants.

En Lorraine, des femmes mangent leurs propres enfants et se disent l'une à l'autre : « Tu mangeras aujourd'hui ta part du mien, et demain je mangerai ma part du tien. »

Sur les chemins, dit un contemporain cité par Michelet, les forts saisissaient les faibles, les déchiraient, les rôtissaient et les mangeaient. Ce délire, cette rage alla au point que la bête était plus en sûreté que l'homme. Comme si c'eût été désormais une coutume établie de manger de la chair humaine, il y en eut un qui osa en étaler à vendre dans le marché de Tournus. Il ne nia point et fut brûlé; un autre alla pendant la nuit déterrer cette même chair, la mangea et fut brûlé de même (Michelet).

Que de terreurs ont semées les lépreux ! Mis au ban de la société humaine, on croyait qu'ils se vengeaient en empoisonnant les puits et les fontaines.

Les Juifs aussi furent persécutés. On prétendait qu'ils empoisonnaient l'air!

C'est beaucoup plus la peur qu'ils inspiraient que

les haines religieuses qui fut cause qu'on les massacra.

Il est dans le beau livre de Manzoni, *Les Fiancés*,
une splendide description des folies que la peur des
maladies inspire à la foule.

La peste de Milan est admirablement décrite et
citer certaines pages c'est donner une véritable observation clinique de folie.

Voici des extraits savoureux et que nous citerons
au long, tant est belle (cliniquement parlant) cette
série de faits morbides :

« La crainte de la « *contumace*[1] » et du lazaret
tenait tous les esprits en éveil; on dissimulait les
malades ; on corrompait les fossoyeurs et les
anziani[2]; on obtint même, à prix d'argent, de faux
certificats de quelques officiers subalternes de la
Santé, commis par elle pour visiter les cadavres.

Les médecins, qui, convaincus de la réalité de la
contagion, proposaient des précautions et cherchaient à faire partager aux autres leur douloureuse
certitude, étaient l'objet de l'animadversion générale.

Les plus modérés les accusaient de sottise et d'obs-
tination; aux yeux du plus grand nombre, c'était
évidemment une imposture, une intrigue ourdie

---

(1) On appelle « contumace » la maison et les effets séquestrés.
Certaines marchandises, même dans les temps ordinaires, sont
soumises dans les lazarets à une quarantaine plus sévère, et elles
portent aussi ce nom. La laine, par exemple, est une marchandise
« contumace ».

(2) Les « anziani » étaient les officiers de justice.

pour exploiter la frayeur publique. Ludovico Settala, vieillard presque octogénaire, homme d'un grand savoir pour son temps et d'une grande réputation de probité faillit en être victime. Un jour qu'il allait en litière faire visite à ses malades, le peuple commença à s'ameuter autour de lui, en criant qu'il était le chef de ceux qui voulaient par force que ce fût la peste; que c'était lui qui mettait la ville en alarmes pour donner de l'occupation aux médecins. Les porteurs eurent grand'peine à le conduire dans une maison voisine pour le soustraire à ces furieux. »

La peste commence à pénétrer dans Milan. Pour éviter sa propagation les médecins décrètent une série de mesures sanitaires ; mais l'instinct de la populace, sa paresse, se liguent contre leurs services et leur raison. La foule nie les faits, dénature les mobiles des actions de ceux qui se dévouent et donne de tout ce qui concerne la maladie une interprétation délirante.

Mais les victimes s'amoncellent. La peste s'inscrit sur la cité en longues théories de cadavres, et cette populace qui la niait va voir tout à coup la contagion et le crime partout. La peste a été jetée sur Milan par des ennemis, et toute la folie se répand, englobe la ville, cache la lumière de la raison comme un lugubre nuage.

« Ne pouvant plus nier les terribles effets du mal, et n'en voulant pas reconnaître la cause parce que ç'aurait été confesser en même temps une grande

erreur et une grande faute, les incrédules en imagi-
nèrent une autre entièrement conforme aux préjugés
de leur temps. C'était une opinion accréditée alors
dans toute l'Europe qu'il existait des enchantements,
des opérations diaboliques, une race d'hommes con-
jurés pour répandre la peste à l'aide de poisons contagieux et de maléfices. Déjà de semblables choses
avaient été supposées et crues dans beaucoup d'autres épidémies, et notamment à Milan dans celle du
siècle dernier. En outre, vers la fin de l'année pré-
cédente, une dépêche était arrivée du roi Philippe IV
au Gouverneur, par laquelle ce prince lui donnait
avis que quatre Français qui étaient soupçonnés de
répandre des substances vénéneuses et pestilentielles,
s'étaient évadés de Madrid ; qu'il eût à se tenir sur
ses gardes et à veiller s'ils étaient par hasard arrivés
à Milan. Le Gouverneur avait communiqué la
dépêche au Sénat et au Tribunal de la Santé. Elle n'y
avait alors excité aucune attention. Mais, quand la
peste eut éclaté et fut reconnue de chacun, on se
rappela cet avis, et il put servir à confirmer et à
donner du fondement au vague soupçon d'une fraude
criminelle. Il put même y donner naissance.

Mais deux incidents, produits l'un par une peur
aveugle et déréglée, l'autre par je ne sais quelle
méchanceté, convertirent ce vague soupçon d'un
attentat possible en soupçon véritable, et auprès du
plus grand nombre en certitude d'un attentat positif
et d'un complot réel. Quelques personnes qui avaient

cru voir, dans la soirée du 17 mai, des individus
frotter dans la cathédrale une cloison qui servait à
séparer les places assignées aux deux sexes, firent
emporter dans la nuit hors de l'église la cloison et
une quantité de bancs. Le président de la Santé
accourut avec quatre personnes de son Tribunal pour
visiter la cloison, les bancs, les bassins d'eau bénite;
il n'y trouva rien qui put confirmer le ridicule soupçon d'un maléfice. Toutefois, pour complaire aux
imaginations troublées, et « plutôt par excès de pré-
caution que par nécessité », il décida qu'il suffirait de
laver la cloison.

Cette énorme quantité de boiseries entassées pro-
duisit une grande impression d'épouvante sur la
multitude, pour qui le moindre objet devient si vite
un texte à conjectures. On dit et on tint pour certain
que les empoisonneurs avaient frotté tous les bancs
et les murs de la cathédrale et jusqu'aux cordes des
clochers.

La matinée suivante, un nouveau spectacle plus
étrange et plus significatif frappa les yeux et l'esprit
de tous les citoyens. Dans toutes les parties de la
ville on vit les portes des maisons et les murailles
enduites à longs traits de je ne sais quelle ordure
d'un jaune blanchâtre qui semblait y avoir été appli-
quée avec des éponges. Soit que ce fût une méchante
plaisanterie pour exciter une frayeur plus générale
et plus bruyante, soit que ce fût dans le dessein plus
coupable d'augmenter le public désordre, enfin quel

— 32 —

qu'en ait été le motif, la chose est tellement attestée, qu'on ne la peut attribuer aux rêves des cerveaux malades, d'imaginations troublées.

La ville déjà alarmée en fut sens dessus dessous; les propriétaires des maisons purifiaient avec de la paille embrasée les endroits infectés; les passants s'arrêtaient, regardaient et frémissaient d'horreur. Les étrangers suspects par cela seul et faciles à reconnaître à leurs vêtements, étaient arrêtés dans les rues par le peuple et conduits en prison. On interrogea, on examina les personnes arrêtées, ceux qui avaient mis la main sur elles, les témoins : personne ne fut trouvé coupable. *Les esprits étaient encore capables de douter, de peser, d'entendre.* Le tribunal de la santé publia une ordonnance par laquelle il promettait récompense et impunité à qui ferait connaître l'auteur ou les auteurs de cet attentat; mais, ainsi qu'il l'écrivit au gouverneur, ce n'était que pour satisfaire le peuple et calmer les esprits.

Tandis que le tribunal cherchait ou feignait de chercher, bien des gens dans le public, comme il arrive toujours, avaient déjà trouvé. Ils ne doutaient pas que ce fût des substances vénéneuses. Les uns voulaient que ce fût la vengeance de don Gonzalo Fernandez de Cordoue, à cause des insultes qu'il avait reçues à son départ; les autres prétendaient que c'était une invention du cardinal de Richelieu pour faire déserter Milan et s'en emparer sans peine;

d'autres, et l'on ne sait par quels motifs, voulaient que ce fût l'ouvrage du comte de Collalto, de Wallenstein, de tel ou tel gentilhomme milanais. Il s'en trouvait aussi qui n'y voyaient qu'une méchante plaisanterie et qui l'attribuaient aux écoliers, à des gentilshommes, à des officiers qui s'ennuyaient au siège de Casal. »

Ainsi sous l'influence de la peur du fléau s'est développée la folie de persécution. Le peuple se croit persécuté. De là à devenir persécuteur il n'y a qu'un pas plus facile à franchir pour la foule que pour une individualité.

« Avec une telle persuasion qu'il y avait des empoisonneurs, on en devait presque infailliblement découvrir. Tous les yeux y veillaient; l'action la plus indifférente pouvait exciter le soupçon, le soupçon se changeait bientôt en certitude, la certitude en fureur ».

Les chroniqueurs en citent deux exemples que nous allons rapporter :

« Dans l'église de Sant'Antonio, le jour de je ne sais plus quelle solennité, un vieillard plus qu'octogénaire, après avoir prié à genoux, voulut s'asseoir, et auparavant il essuya la poussière du banc avec sa cape : « Ce vieillard empoisonne les bancs! » s'écrièrent d'une seule voix quelques femmes qui le virent faire. La foule qui se trouve dans l'Eglise (dans l'Eglise!) se jette aussitôt sur le vieillard, lui arrache ses cheveux blancs, le frappe à coups de poings

et de pied, le tire au dehors à demi-mort, pour le traîner à la prison, devant les juges, à la torture...
« J'ai vu ce malheureux, dit Ripamonti, et je n'ai pas su la fin de sa douloureuse histoire ; mais je crois bien qu'il n'a eu que quelques moments à vivre. »

L'autre événement est du lendemain. Il fut aussi étrange, mais non aussi funeste. Trois jeunes Français, un savant, un peintre, et un artisan, venus pour visiter l'Italie, pour en étudier les antiquités, et pour y chercher à y gagner quelque argent, s'étaient approchés de je ne sais quelle partie extérieure de la cathédrale, et s'étaient mis à la contempler très attentivement. Un, deux, trois passants s'arrêtèrent : on fit cercle autour d'eux, on ne les perdit pas de vue un seul moment, car leur habit, leur coiffure, leurs valises les accusaient d'être étrangers et, qui pis est, d'être Français. Comme pour s'assurer que c'était du marbre ils étendirent la main pour toucher la muraille. Ce geste suffit. Aussitôt la populace se précipita sur eux, les malmena et les traîna au palais de justice qui, heureusement pour les pauvres diables, se trouvait très près de la cathédrale.

Ces choses fréquentes dans la ville arrivaient aussi dans la campagne. Un voyageur était-il trouvé isolé sur la route, on suspectait ses intentions, vite on en faisait un « untore » une oigneur.

Le toscin frémissait plus facilement que les feuilles des arbres : « La prison fut, pendant un certain temps, un lieu de sûreté. »

La peste de Milan est un cas typique et littéraire de la folie de la contagion. Cette folie s'est retrouvée à toutes les époques à propos de toute sorte d'épidémies.

Nous pourrions citer comme observation tout à fait récente la folie de la contagion de la variole qui a névrosé la France cette année.

Kelsch devant l'Académie de médecine a parlé de « folie de vaccination ».

La variole ! ce mal qui répand la terreur a tourné les cervelles. Ce fut la course au vaccin. Et pourtant l'épidémie de 1907 fut légère.

L'épidémie de 1904 fut bien plus violente, il y eut 234 victimes et on n'arriva que très difficilement à convaincre les gens de la nécessité de la vaccination.

Cette année on prit d'assaut les hôpitaux, les médecins. A Toulouse il fut pendant quelque temps difficile de se procurer du vaccin... Il nous arriva de voir plusieurs pharmacies sans vaccin.

A l'institut de vaccine de l'Académie de Médecine, Kelsch et Camus vaccinèrent 6.254 personnes en une semaine et envoyèrent en province assez de tubes pour plus de 20.000 personnes. Alors qu'avant la panique, les séances vaccinales ne comptaient que 0 à 5 clients, chiffre traditionnel, brusquement du jour au lendemain, le chiffre s'éleva à 1.000, 1.500, 2.000 par séance. Ce fut tout à coup une véritable folie de vaccination. On ne s'abordait plus qu'en demandant si l'on s'était fait vacciner. Et pourtant il n'y avait pas plus de variole à Paris qu'en temps ordinaire, quelques cas isolés comme d'habitude, oui ; mais on était menacé de la variole noire. Et chacun voulait sa piqûre préventive.

« La psychologie des foules est bien intéressante et dans certains cas les mots acquièrent une puissance extraordinaire. Il vient de passer sur Paris un souffle d'épouvante que nous ne connaissions pas encore. Quelle panique et même quelle terreur ! Dans tous les quartiers un cri d'effroi ! La variole noire ! mot tragique qui remua toute la population. La variole noire ! » (Henri de Parville)

c) Peurs d'ordre moral

Nous citerons dans cette série les peurs mystiques, peur des démons, peur des êtres mystérieux qui peuplent les airs.

Pour ne pas multiplier les exemples, nous ne citerons que le plus célèbre, la terreur de l'an 1000.

Le moyen âge fut par excellence l'époque de la Peur. La superstition écrasait les esprits. L'excès de la misère amena l'excès du désespoir. Pendant les trois années qui précédèrent l'an 1000, des pluies continuelles, des orages terribles dévastèrent l'Europe : la famine redoubla, la lèpre et les maladies contagieuses décimèrent les populations.

Devant cette désolation les peuples délirent. Dieu

punit les hommes. L'an 1000 approche, date fatale !
La chrétienté fut dans une anxiété universelle. Pendant la dernière année du dixième siècle, toutes les
affaires, tous les intérêts furent suspendus ; à peine
songeait-on à ensemencer la terre. Une foule de gens
léguaient leurs biens aux églises et aux monastères,
afin de s'assurer des protecteurs dans ce royaume du
ciel qui allait s'ouvrir.

« A l'approche du jour de l'an, les populations
s'entassèrent partout dans les églises et dans les
chapelles, attendant que les trompettes du jugement
dernier résonnassent sur leurs têtes. » (H. Martin).

L'an 1000 passa, le monde resta, l'effroi se dissipa
peu à peu et l'homme renaquit à l'espérance et à la
vie.

« Quand on reconnut qu'on s'était trompé et que le
monde ne finissait pas, on interpréta dorénavant la
parole du Christ dans le sens d'un renouvellement
spirituel des âmes et non plus d'un renouvellement
matériel du monde. On se reprit à cette vie avec
grande ardeur ; on se remit à cultiver et à embellir
cette terre qu'on ne croyait plus près de sa fin, et
toute la Gaule et l'Italie, dit la chronique, se couvri-
rent d'églises neuves comme d'une blanche robe. »

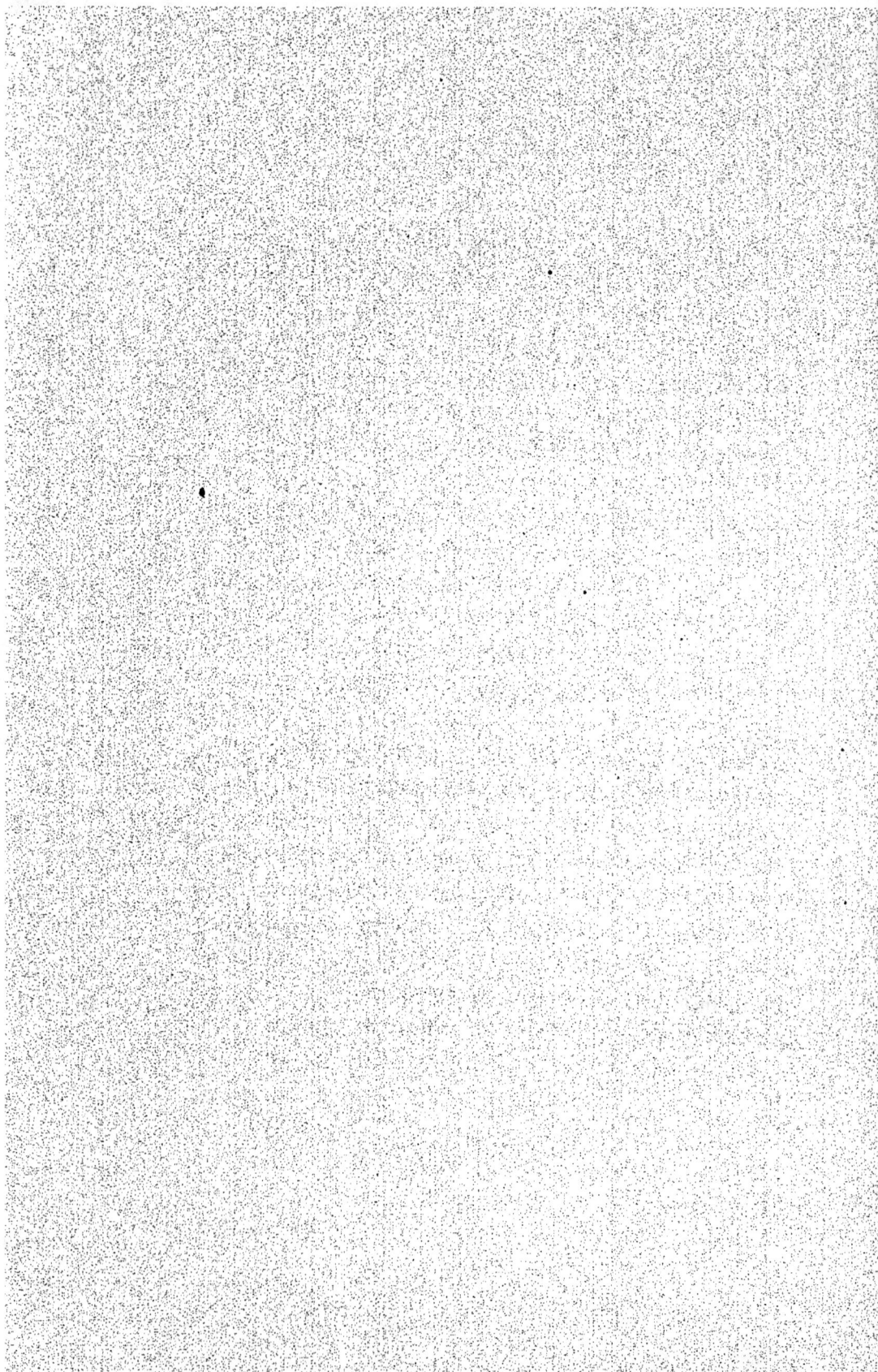

CHAPITRE II

Le Vandalisme et le Sadisme

La foule se sent forte presque toujours. Elle est le nombre, et la peur chez elle est encore plus rare que le vandalisme; elle lutte contre les puissances établies, contre ses maitres. Malheur à eux si elle triomphe! Tous les instincts se déchainent, la multitude s'enivre et commet les pires actes de vandalisme.

La moelle reprend sa prépondérance sur le cerveau. La bête chasse l'esprit. C'est l'élan, la curée des chiens après le cerf. Les faibles deviennent des fous furieux, des fous sadiques.

Il est curieux de voir que, lorsque l'émeute est composée en grande partie de femmes, le sadisme prédomine. Serait-elle donc vraie cette formule : *Mulier tota in utero?*

Nous prendrons quelques exemples dans le monde antique, dans la Révolution française et à notre époque :

ANTIQUITÉ. — Dans l'histoire ancienne les exemples abondent si connus que nous nous bornerons à les citer. Toutes les peuplades sauvages, les Goths, les Wisigoths, les Vandales de célèbre mémoire, etc., n'étaient-ce pas là de véritables bêtes furieuses lâchées de par le monde, sans autre guide que des sensations sigzaguantes ?

Le vandalisme s'est retrouvé, se retrouve toujours partout, dans les armées victorieuses, fatiguées, intoxiquées, empoisonnées par les fatigues et la mauvaise nourriture.

Quels fous sadiques furent les Allemands en Chine, attachant les Chinois à l'aide de leurs tresses de cheveux et les jetant nus, et deux à deux, dans le fleuve ! Les Vandales eussent encore appris à leur contact.

L'époque bénie de la névrose, et surtout du sadisme, fut l'époque de la décadence romaine. Les cas abondent, tournoient comme de lugubres oiseaux autour de l'esprit du psychiâtre qui ne sait lesquels choisir dans cette abondance. Nous n'insisterons pas sur les massacres de chrétiens, le raffinement des supplices, la curiosité de la populace amusée et la triste émulation des empereurs qui se surpassent en cruauté. » (Rémond et Voivenel).

Cueillons le sadisme au hasard sous cette décadence. Feuilletons les *Contes de la décadence romaine* de Jean Richepin.

Voici le *Brigand Bulla* qui viole une vierge chré-

tienne dans le cirque, en face des lions, devant la
populace en délire, est gracié, épouse pour ce haut
fait une praticienne et devient sénateur.

Voici le « Chrétien » supplicié pour avoir lutté contre Suburre. On le dévêt, on lui met une lyre dans
les mains. Il représente Orphée, et des femmes publi-
ques représentant les Bacchantes le déchirent :
Orphée tué par des Bacchantes.

« Ce qu'il faut si l'on veut soulever l'enthousiasme
dans l'amphithéâtre, c'est la pantomime obscène
jouée par les infirmes, tels que l'abominable Styrax
et l'infâme Gellia, celle-ci sans jambes, celui-là sans
bras ; le duel de gladiateurs nains ; la danse lému-
rique de cette bande de géants aux corps décharnés
de larves qui nous donnèrent l'autre jour l'illusion
de squelettes étrusques apparus à la lumière du
soleil ».

Il y a un sadisme caché dans le besoin qu'a le peuple romain de voir les courses de chars où les cou-
reurs se tuent si souvent et roulent sanglants sur
l'arène.

« Quoi de plus tragique, de plus propre à vous bou-
leverser le cœur que le choc arrivant parfois d'une
roue contre la borne, et que le char fracassé tout à
coup, *le cocher tombant sous les pieds des chevaux*,
un autre char se ruant parmi les obstacles imprévus,
et un troisième encore, et souvent le quatrième
venant y briser leur élan inarrêtable, et ainsi, en
moins de rien, les attelages, les roues, les chars, les

rênes, les bêtes et les hommes ne faisant plus qu'une mêlée affreuse et *magnifique,* convulsée, inextricable, multicolore, multiforme qui se débat dans un nuage de poudre d'or, sur le jaune tapis empourpré de tâches de sang et semblable à une peau de lion constellée de larges escarboucles? Et quoi de plus *saoûlant* enfin que le *délire* du moment auguste où se décide la victoire, quand la foule entière est debout et gesticule, et vocifère et hurle, et déchaîne des ouragans de colère et d'enthousiasme? Oh! alors, quelle subite énorme et prodigue dépense de toutes les énergies de l'âme projetées en un *spasme* plus intense, plus profond, plus fulgurant, plus apothéosant que le spasme même de l'amour. » (*Les Courses,* J. Richepin).

RÉVOLUTION FRANÇAISE. — La Révolution française pourrait donner une véritable anthologie du sadisme des foules.

« Il est d'observation courante que, lorsque la foule retourne à l'animalité en donnant libre cours à ses instincts homicides, elle tombe aussitôt dans le stupre le plus violent. Cette loi est confirmée par de nombreux exemples historiques; la férocité et la luxure sont cousines germaines dans l'arbre généalogique des passions humaines. Comme l'individu dégénéré, qui attriste la poésie de l'amour par les tourments et par le sang, la foule augmente la lâcheté de l'assassinat par les offenses contre la pudeur, et cette folie obscène trouve parfois dans le cannibalisme le dernier degré de l'abjection. » (Cabanès).

Avant la Révolution, nous rappellerons les massacres de la Saint-Barthélémy pendant lesquels le corps de Coligny fut mutilé. Ses organes génitaux furent processionnés au bout de piques jusqu'à Montfaucon.

L'escadron volant de Catherine enlève les chausses de Quellenec pour vérifier sa virilité discutée.

Les protestants disputèrent la palme aux catholiques et l'obtinrent parfois.

A la prise de Niort, en 1568, ils ouvrirent le ventre à un prêtre et de sa verge coupée soufflétèrent les autres prêtres. Ils bourrèrent de poudre de canon le vagin d'une femme et mirent le feu à cette bombe d'un nouveau genre « la faisant par ce moyen crever et jaillir les boyaux. »

Après la mort de Henri IV, la foule *mangea la chair* de Ravaillac.

« La vengeance que le peuple a pris de ce traître et la sainte rage qui l'a porté à s'acharner sur son corps dépecé, à le déchirer en mille autres pièces et à manger sa *chair toute crue,* nous impose silence. Le fer, le soufre, le feu, les tenailles, mille morts amassées en une, le corps du parricide mis en quartiers, ces quartiers déchirés en mille autres parties ne peuvent contenter la juste douleur du peuple » (Cospeau, in oraison funèbre de Henri IV).

A plusieurs reprises, dans l'histoire des peuples, on voit des cas d'anthropophagie : c'est bien de la folie pure.

En 1581, les insulaires de Tercère mangent le cœur de leurs ennemis les Espagnols.

En 1647, à Naples, le peuple égorge les malades de l'hôpital Saint-Jacques; une femme coupe la tête de l'un d'eux, lui fend l'estomac et lui arrache le cœur. Un autre trempait du pain dans le sang de la victime et le mangeait.

Pendant le siège de Paris, on aurait mangé des pâtés faits chez un pâtissier de la rue Vavin avec de la chair de mobiles tués à l'ennemi; mais c'est une légende que rien n'est venu jusqu'à présent confirmer. (Intermédiaire des chercheurs, t. XIX et XXIII).

Dans la Révolution française les faits abondent.

C'est d'abord, à la prise de la Bastille, le massacre du gouverneur Launay, puis ceux de l'intendant Foulon, du prince de Talmont, du constituant Engulbant-Laroche, du citoyen Jourdain.

« Ce n'était pas la populace, la lie de la société, comme on le croit souvent, mais des citoyens bien mis, des bourgeois en un mot, qui triomphaient dans ces cortèges sauvages et funèbres. »

Des faits analogues se sont passés dans toutes les révolutions : en Angleterre, dans les Pays-Bas où les cadavres des victimes sont mutilés (d'Orléans, in *Révolution d'Angleterre*) (Gérard Brandt, in *Histoire de la Réforme des Pays-Bas)*.

Voici, atroces : les massacres de septembre. Le peuple, singulièrement fou, commence à massacrer par raisonnement et continue par impulsion sadique. On dit que la quantité prodigieuse de faux assignats qui circule dans Paris est fabriquée dans les prisons.

La foule a l'idée barbare, enfantine, délirante, d'une grande et radicale purgation morale, l'espoir d'assainir le monde par l'extermination absolue du mal.

On massacra aux Carmes, au Châtelet, à l'Abbaye. Au milieu du chaos sanglant, du désordre terrible émergeaient des esquisses d'ordre, comme dans le chaos d'idées délirantes de tout fou apparaissent toujours quelques idées raisonnables et « rien dans ces jours effroyables ne fut plus hideux que le rapprochement, le mélange de la justice régulière et de la justice sommaire, ce spectacle de voir les juges tremblants sur leurs sièges continuer au tribunal des formalités inutiles, presser un vain simulacre de procès, lorsque l'accusé ne gardait nulle autre chance que d'être massacré le jour même ou guillotiné le lendemain. » (Michelet).

Il y a du sadisme dans le fait d'obliger M¹¹ᵉ de Sombreuil à goûter du sang des aristocrates pour racheter son père.

Les massacres de la Force, de Bicêtre furent les plus horribles.

« S'il était un lieu qu'on dût épargner, c'était ce

lieu de pitié. Qu'était-ce que Bicêtre, que la Salpé-
trière, ce grand Bicêtre des femmes, sinon le véritable
enfer de l'ancien régime, où l'on pouvait mieux le
prendre en horreur, y trouvant réuni tout ce qu'il
avait de barbarie, de hontes et d'abus ?

Rien ne fait mieux sentir l'aveuglement, l'imbécil-
lité qui présida aux massacres. Tels de ceux qui
tuèrent au hasard dans les deux hospices pouvaient
avoir leur père à Bicêtre parmi les mendiants, leur
mère à la Salpêtrière ; c'était le pauvre qui tuait le
pauvre, le peuple qui égorgeait le peuple. Il n'y a nul
autre exemple d'une rage si insensée ». (Michelet).

Michelet raconte le supplice d'une bouquetière
accusée d'aider les aristocrates et à qui on passa un
bouchon de paille dans le vagin. On l'attacha ensuite
toute nue à un poteau, on lui cloua les pieds ; on lui
coupa ensuite les seins et on mit le feu à la paille.

Le martyre le plus célèbre est celui de Mme de Lamballe. On la dépouille de ses vêtements, on l'oblige
à marcher sur des cadavres. Un garçon boucher,
nommé Grison, lui coupe la tête. A mesure que le
sang qui coule de ses blessures salit son corps, des
hommes le lavent et font remarquer sa blancheur
à ceux qui se pressent autour. (Récit de Peltier).

On coupe ses mamelles. *Un assassin se fait une
ceinture de ses entrailles*, puis lui arrache le cœur
et le porte à ses lèvres.

Dans les mémoires de Senart, il est rapporté qu'un
homme lui coupa les parties génitales et les appliqua

sur la garde de son sabre. Il s'en fit aussi des mous-
taches.

Nous n'en finirions pas si nous citions tous les
actes de vandalisme et de sadisme de la foule pendant la Révolution française. Nous nous contenterons pour terminer l'étude de la folie de cette foule
révolutionnaire, de parler des *fessées civiques,* actes
d'un sadisme atténué. Les fustigateurs troussaient
et fustigeaient les femmes en public : femmes de qualité et religieuses de préférence.

On fustigea même les admirables sœurs de Saint-
Vincent-de-Paul.

Théroigne de Méricourt fut fessée publiquement.

Ce vandalisme, ce sadisme, se retrouvent aussi
dans la foule des soldats des armées de la République. Il y a une extraordinaire scène de vandalisme dans *La Force,* de Paul Adam, qui montre
bien la folie de destruction qui s'empare d'hommes
excités par le vin, les récits de batailles et saoûlés de
discussions, de chants et de cris.

« C'était une animation violente des visages con-
gestionnés au-dessus des plastrons rouges, entre les
épaulettes qui sautillaient. Ici on s'amusait à rompre,
par la pression de la main, des verres emmaillottés
de mouchoirs. Là, deux jeunes gaillards valsaient et
tourbillonnaient au milieu d'une assistance approba-
tive. Un loustic parisien faisait des propositions
lascives à la nymphe de marbre qui s'érigeait blanche et nue sur un socle. Monté près d'elle, il la saisit

à la taille et lui baisa la gorge. Mais la plupart s'intéressaient au capitaine Mercœur, qui retroussait une manche et promit de fendre la table de chêne doré soutenue par des faunes accroupis. On discuta pour apprendre si un casque et son crâne offraient plus de résistance. Le colonel recommandait à Mercœur un coup de revers. Comme l'autre refusait de comprendre, Bernard regarda le second lustre qui pendait jusqu'aux bouteilles presque. Les lumières scintillantes se confondirent, vacillèrent pour ses yeux troubles. Porter la ruine dans cette grappe de cristaux et de lueurs *lui sembla glorieux*.

Ces chandelles lui riaient à la face, eut-il cru. Elles lui fatiguaient la vue, d'abord. Une avide curiosité lui vint de reconnaître, au lieu de cette clarté, les décombres. Il aurait accompli cela.....

Un coup de revers, en plein lustre, et ils l'admireraient évidemment. Ce fut. Cristal et chandelles s'éparpillèrent, choquèrent les murs, roulèrent sur le parquet, dans un bruit formidable de verre et de bronze. La stupeur immobilisa les visages; car Mercœur n'avait pu prendre la table. Il déclara son essai plus difficile et se vanta de renouveler l'exploit du colonel. « Essayez donc, capitaine! » commanda Bernard, colérique et glorieux, en désignant de sa lance le premier lustre de la galerie. Mercœur se précipita, sabra, enleva seulement une branche et deux lumières. Une huée constata cette faiblesse, exalta la force du chef. On acclama.

Les mains applaudirent au bout des manches vertes
et des parements rouges. Là-bas, la cornemuse sou-
pirait toujours ; les Auvergnats dansaient encore la
bourrée, le loustic embrassait étroitement la statue
de la nymphe. Soudain, tous les dragons d'une table
dégainèrent et attaquèrent à leur tour le lustre pendu
sur leurs timbales. En vociférant, d'autres les imitèrent. Ils bondissaient avec leurs fourreaux. Ils décro-
chèrent leurs casques, ils les saisirent par les crins
et exécutèrent le moulinet. Un ivrogne creva le sexe
d'une Vénus peinte en un tableau mythologique.
Avec son poing vigoureux, l'un enfonçait le cannage
d'un siège. Celui-ci écartelait les membres d'un fau-
teuil ; celui-là enlevait sur le dos un meuble italien
marqué d'ivoire et d'écaille qui glissa, s'abîma, se
fendit contre la mosaïque du sol. Tous éprouvaient le
maximum de leur vigueur. Ils se firent émules.
Mercœur assura qu'il enlèverait un laquais allemand
à bras tendu.

. . . .

Le colonel n'écouta plus. Courant à la porte, il
terrassa à grands coups de botte les débris qui s'op-
posaient à l'élan des ivrognes. Il les franchit, se loua
de sauter avant tous dans un salon désert et de fra-
casser du sabre les bras de la Niobée, qui tombèrent
lourdement. Une autre porte fut ouverte d'abord. Et
l'on reconnut le cabinet de physique où le gorille,
empaillé sur un socle, montra les dents. Le monstre
attira la colère moqueuse de tous. Ils le renversèrent,

le décousirent, répandirent le foin et le son qui l'emplissaient. De la tête et de la peau, Edme se costuma. Les dragons remplirent une bouteille de Leyde, croyant qu'elle contenait des feuilles d'or; Bernard, qui poussait à gauche, découvrit une rotonde, un miroir, des cuvettes dorées sur leurs trépieds d'acajou, une commode ventrue, une baignoire de porcelaine; ce fut à qui détruirait le plus de choses dans le moindre temps. Un sofa de soie cramoisie fut aplati sous la danse des hommes lestes, puis déchiré à la pointe des éperons. Certes, le colonel Héricourt se manifestait comme le plus fort. Les pendules d'albâtre volaient au revers de son arme. Il enfila les coussins de panne bleue à guirlandes jaunes. Il massacra de minuscules personnages en Saxe qui dinaient sur une étagère; puis revint à la bibliothèque, soudain pris de rage contre les livres, ces livres qu'il connaissait trop peu et qui le rendaient inférieur aux remontrances d'Augustin, de Greloup, de ses beaux-frères. »

ÉPOQUE CONTEMPORAINE. — Nous citerons d'abord l'assassinat du général Ramel à Toulouse. Cet assassinat a été très minutieusement étudié par M. Eydoux dans le discours prononcé le 3 décembre 1905 à la rentrée solennelle de la conférence des Avocats stagiaires.

Quelle folie furieuse!

« Les assassins, repoussant ou entrainant avec eux ceux qui veulent résister à leurs violences, se précipitent avec des hurlements dans la chambre où gît le général. Ramel blessé à mort, voit se dérouler devant ses yeux l'horrible vision qu'il avait fuie. Daüssonne abat le premier son sabre, le général pare le coup; un second l'atteint au visage et lui arrache un œil. Joncquières, Carrière, Baqué, dit *le penjat,* et bien d'autres moins connus des spectateurs impuissants, tous les factieux, sans doute, qui ont pu pénétrer, frappent à coups redoublés, mutilant leur victime, y apportant une telle rage qu'ils se blessent entre eux et que le matelas portait la trace de plus de vingt coups de sabre. Le crâne est atteint en deux endroits; le maxillaire de la joue gauche brisé, le nez détaché avec des morceaux d'os; le bras droit fracturé à l'épaule et à l'avant-bras, le bras gauche brisé en cinq endroits, les mains écrasées, les doigts coupés. Des coups de pointe l'avaient atteint à la poitrine et dans le dos. Il n'est qu'une plaie sanglante.

Les assassins, ivres de sang, sortent. Leur tâche est faite; les uns montent prévenir les deux sentinelles placées à la porte de Bouyssou de Fontarget; d'autres s'emparent de trophées, de la montre, des épaulettes, des glands du chapeau. Un dernier, avant de partir, entendant le général pousser un soupir, entre dans sa chambre et le frappe une fois encore. Tous descendent en hurlant : « Je lui ai donné le dernier coup ». — « Non, c'est moi, je lui ai porté plus de vingt coups ». Ils brandissent leurs sabres ensanglantés et se répandent dans toute la ville, publiant leur horrible forfait. On frissonne, on s'indigne, mais nul ne songe à les arrêter ».

Loin de s'atténuer, la névrose s'accroît à notre époque, et la foule, comme l'individu, devient de plus en plus folle.

« Ce serait méconnaître l'âme de la foule, que de l'imaginer assez consciente d'elle-même, assez réfléchie, assez pondérée, pour ne plus se laisser aller à des scènes d'animalité où se marient la cruauté et la luxure. » (Cabanès).

Pendant la Restauration les fessées réapparaissent, mais ce sont alors les dames royalistes, surtout dans le Midi, qui fustigent les femmes protestantes. Elles les frappent à coups de battoir où sont attachées des pointes de fer dessinant des fleurs de lis, qui laissent des marques sanglantes.

On appelait ces instruments des « battoirs royaux. »

En 1871, la foule fustigea des femmes.

Tout à fait près de nous, nous citerons la grève de Decazeville où la foule, après avoir tué un contre-maître, promena ses parties génitales.

Les grèves de Limoges, où les ouvriers blessèrent grièvement un tout jeune enfant, fils du concierge d'une usine.

L'âme de ces folies d'une foule d'ouvriers révoltés est toute palpitante dans l'admirable livre de Zola : *Germinal.*

« Les femmes entouraient le cadavre encore chaud ; elles l'insultaient avec des rires, traitant de sale gueule sa tête fracassée, hurlant à la face du mort la longue rancune de leur vie sans pain... De ses dix doigts, la Maheude grattait la terre ; elle en prit deux poignées dont elle lui emplit la bouche violemment.

« — Tiens ! mange donc !... Tiens ! mange, mange, toi qui nous mangeais !

« Mais les femmes avaient à tirer de lui d'autres vengeances. Elles tournaient en le flairant, pareilles à des louves. Toutes cherchaient un outrage, une sauvagerie qui les soulageât.

« — Faut le couper comme un matou.

« — Oui, oui ! au chat ! au chat !... Il en a trop fait, le salaud !

« Déjà, la Mouquette le déculottait, tirait le pantalon, tandis que la Levaque soulevait les jambes. Et la Brûlé, de ses mains sèches de vieille, écarta les cuisses nues, empoigna cette virilité morte. Elle tenait tout, arrachant dans un effort qui tendait sa maigre échine et faisait craquer ses grands bras. Les peaux molles résistaient, elle dût s'y reprendre, elle finit par emporter le lambeau, un paquet de chair velue et sanglante, qu'elle agita avec un rire de triomphe.

« — Je l'ai ! je l'ai !

« Des voix aiguës saluèrent d'imprécations l'abominable trophée.

« — Ah ! bougre, tu n'empliras plus nos filles !

« — Oui, c'est fini de te payer sur la bête, nous n'y

passerons plus toutes à tendre le derrière pour avoir un pain.

« Elles se montraient le lambeau sanglant, comme une bête mauvaise, dont chacune avait eu à souffrir, et qu'elles venaient d'écraser enfin, qu'elles voyaient là, inerte, en leur pouvoir. Elles crachaient dessus, elles avançaient leurs mâchoires.

« La Brûlé, alors, planta tout le paquet au bout de son bâton ; et, le portant en l'air, le promenant ainsi qu'un drapeau, elle se lança sur la route suivie de la débandade hurlante des femmes. Des gouttes de sang pleuvaient, cette chair lamentable pendait, comme un déchet de viande à l'étal d'un boucher. »

Cette folie sadique qui se trouve assez souvent en Europe se retrouve surtout dans les pays chauds. En lisant le *Jardin des supplices*, d'Octave Mirbeau, on éprouve toute l'horreur d'un sadisme excessivement développé en Chine.

« Quelle âme sadique que celle de miss Clara qui recherche la volupté dans la pourriture, pareille à cette courtisane dont parle Richepin dans les *Contes de la décadence romaine* et qui se fait violer par un cadavre sur un lit de viandes saignantes. » (Rémond et Voivenel).

« Ecoute ! J'ai vu pendre des voleurs en Angleterre, j'ai vu des courses de taureaux et garotter des anarchistes en Espagne. En Russie, j'ai vu fouetter par des soldats, jusqu'à la mort, de belles jeunes filles. En Italie, j'ai vu des fantômes vivants, des spectres de famine, déterrer des cholériques et les manger avidement. J'ai vu, dans l'Inde, au bord d'un fleuve, des milliers d'êtres, tout nus, se tordre et mourir dans les épouvantes de la peste. A Berlin, un soir, j'ai vu une femme que j'avais aimée la veille, une splendide créature en maillot rose, je l'ai vue, dévorée par un lion, dans une cage. Toutes les terreurs, toutes les tortures humaines, je les ai vues. *C'était très beau!* Mais je n'ai rien vu de si beau, comprends-tu?... que ces forçats chinois. »

Et plus loin :

« Mais cela ne sent pas mauvais, mon amour, cela sent la mort, voilà tout ! »

En Chine, la foule accourt aux supplices extraordinaires qui caressent son sadisme instinctif dont voici un compte-rendu d'une remarquable intensité de vision.

« Il y a huit jours, dit miss Clara, j'ai vu une chose extraordinaire. Oh ! cher amour. J'ai vu fouetter un homme, parce qu'il avait volé un poisson. Le juge avait déclaré simplement ceci : « Il ne faut pas toujours dire d'un homme qui porte un poisson à la main : c'est un pêcheur! » Il avait condamné l'homme à mourir, sous les verges de fer. Pour un poisson, chéri !

Cela se passa dans le jardin des supplices. L'homme était, figure-toi, agenouillé sur la terre, et sa tête reposait sur un espèce de billot, un billot tout noir de sang ancien. L'homme avait le dos et les reins nus,

un dos et des reins comme du vieil or! J'arrivai juste
au moment où un soldat, ayant empoigné sa natte
qu'il avait très longue, la nouait à un anneau scellé à
une dalle de pierre, dans le sol. Près du patient, un
autre soldat faisait rougir, au feu d'une forge, une
petite, une toute petite badine de fer. Et voici. Écoute-
moi bien! M'écoutes-tu? Quand la badine était rouge,
le soldat fouettait l'homme à tour de bras, sur les
reins. La badine faisait : chuitt! dans l'air et elle
pénétrait, très avant, dans les muscles qui grésillaient
et d'où s'élevait une petite saveur roussâtre, comprends-tu? Alors le soldat laissait refroidir la badine
dans les chairs qui se boursouflaient et se refermaient,
puis lorsqu'elle était froide, il l'arrachait violemment,
d'un seul coup, avec de menus lambeaux saignants.
Et l'homme poussait d'affreux cris de douleur. Puis
le soldat recommençait. Il recommença quinze fois!
Et à moi aussi, chère petite âme, il me semblait que
la badine entrait, à chaque coup, dans mes reins.
C'était atroce et très *doux!*

Comme je me taisais :

— C'était atroce et très doux, répéta-t-elle. Et si tu
savais comme il était beau, cet homme, comme il
était fort! Des muscles pareils à ceux des statues.
Embrasse-moi, cher amour, embrasse-moi donc!

Les prunelles de Clara s'étaient *révulsées*. Entre
ses paupières mi-closes, je ne voyais plus que le
blanc de ses yeux. Elle dit encore :

— Il ne bougeait pas. Cela faisait sur son dos comme de petites vagues. Oh! les lèvres!

Après quelques secondes de silence, elle reprit :

— L'année dernière avec Annie, j'ai vu quelque chose de bien plus étonnant. J'ai vu un homme qui avait violé sa mère et l'avait ensuite éventrée d'un coup de couteau. Il paraît, du reste qu'il était fou. Il fut condamné au supplice de *la caresse*. Oui, mon chéri. Est-ce admirable? On ne permet pas aux étrangers d'assister à ce supplice qui, d'ailleurs, est très rare aujourd'hui. Mais nous avions donné de l'argent au gardien qui nous dissimula derrière un paravent. Annie et moi, nous avons tout vu. Le fou — il n'avait pas l'air fou — était étendu sur une table très basse, les membres et le corps liés par de solides cordes, la bouche bâillonnée, de façon à ce qu'il ne pût faire un mouvement, ni pousser un cri.

Une femme, pas belle, pas jeune, au masque grave, entièrement vêtue de noir, le bras nu cerclé d'un large anneau d'or, vint s'agenouiller auprès du fou. Elle empoigna sa verge et elle officia. Oh! chéri! chéri! si tu avais vu! Cela dura quatre heures, quatre heures, pense! quatre heures de caresses effroyables et savantes, pendant lesquelles la main de la femme ne se ralentit pas une minute, pendant lesquelles son visage demeura froid et morne! Le patient expira dans un jet de sang qui éclaboussa toute la face de la tourmenteuse. Jamais je n'ai rien vu de si atroce, et ce fut si atroce qu'Annie et moi nous nous évanouîmes. Je pense toujours à cela !

Avec un air de regret, elle ajouta :

— Cette femme avait, à l'un de ses doigts, un gros rubis qui, durant le supplice, allait et venait dans le soleil, comme une petite flamme rouge et dansante. Annie l'acheta. Je ne sais ce qu'il est devenu. Je voudrais bien l'avoir.

Clara se tut, l'esprit sans doute retourné aux impures et sanglantes images de cet abominable souvenir ».

Voici la foule insensée qui le mercredi va s'amuser à tourmenter les forçats et à leur jeter, comme aux bêtes fauves, de la charogne, des rats morts, des viandes pourries.

« Mais nous n'avancions pas malgré l'effort des boys, porteurs de paniers, qui, à grands coups de coude, tentaient de frayer un passage à leurs maîtresses. De longs portefaix, au masque grimaçant, affreusement maigres, la poitrine à nu et couturée sous leurs loques, tendaient en l'air, au-dessus des têtes, des corbeilles pleines de viande où le soleil accélérait la décomposition et faisait éclore tout un fourmillement de vies larvaires. Spectres de crimes et de famine, images de cauchemars et de tueries, démons ressuscités des plus lointaines, des plus terribles légendes de Chine, j'en voyais près de moi, dont un rire déchiquetait en scie la bouche aux dents laquées de béthel et se prolongeait jusqu'à la pointe

de la barbiche en torsions sinistres. D'autres s'inju-
riaient et se tiraient par la natte, cruellement; d'autres, avec des glissements de fauves, s'insinuaient
dans la forêt humaine, fouillaient les poches, cou-
paient les bourses, happaient les bijoux et ils dispa-
raissaient, emportant leur butin.

« Et les odeurs soulevées par la foule — odeurs de
cabinets de toilette et d'abattoirs mêlées, puanteurs de
charognes, et parfums de chairs vivantes — m'affa-
dissaient le cœur, me glaçaient la moelle. En même
temps, pressé, bousculé de tous côtés, et la respira-
tion me manquant presque, j'allais défaillir. »

Ailleurs voici une scène d'un sadisme effréné, fréquente dans l'Inde et la Chine, pays régis par les
lois du Kama-Sutra.

« Criant, hurlant, sept femmes, tout à coup, se
ruèrent aux sept verges de bronze. L'idole enlacée,
chevauchée, violée par toute cette chair délirante,
vibra sous les secousses multipliées de ces posses-
sions et de ces baisers qui retentissaient, pareils à
des coups de bélier dans les portes de fer d'une ville
assiégée. Alors, ce fut autour de l'idole une clameur
démente, une folie de volupté sauvage, une mêlée de
corps si frénétiquement étreints et soudés l'un à
l'autre qu'elle prenait l'aspect farouche d'une tuerie.
Je compris, en cette atroce seconde, que la luxure
peut atteindre à la plus sombre terreur humaine et
donner l'idée véritable de l'enfer, de l'épouvantement
de l'enfer. »

Cabanès et L. Nass, dans leur beau livre : *La névrose révolutionnaire*, donnent une excellente explication du mélange de vandalisme et de sadisme qui
se trouve dans les folies de la foule. Nous ne pourrions mieux faire que citer en entier leur explication.

« Peut-on donner une explication plausible de la
corrélation entre la cruauté et le sadisme? Faudrait-
il ne voir dans cette parenté qu'un vestige du temps
passé où l'amour se gagnait de haute lutte, comme
chez les bêtes fauves? Le plaisir de faire souffrir
l'être qu'on aime serait dès lors purement atavique.
Cet instinct renaîtrait dans la foule, aussi bien que
dans un individu, puisqu'un corps social est une
unité possédant sa mentalité propre, ses tares et son
caractère particulier. Cette hypothèse ne satisfera
peut-être pas les psychologues. Bornons-nous donc
à constater l'universalité de cette loi, sans chercher à
en pénétrer la cause secrète.

« Un fait reste acquis, c'est que l'amour et le sang
provoquent au cœur de l'homme une griserie com-
mune, où s'éteignent les dernières lueurs de la raison; la brute déchaînée est cruelle, et jouit, dans son
égoïsme luxurieux, des violences et des tortures
infligées à ses ennemis. « Le sadisme, a écrit Moll,
« est remarquable par ce fait, que le penchant
« sexuel se manifeste par le désir de battre, de mal-
« traiter et d'humilier la personne aimée. » Cette
définition nous paraît, comme à d'autres, exclusive,
car le plus souvent l'amour ne joue aucun rôle dans

ce genre d'aberration ; de plus, celle-ci peut s'exercer sur une personne quelconque, femme ou enfant, vivante ou morte, même sur un animal. Nous adopterions donc de préférence cette définition. « Le sadisme est une perversion sexuelle, caractérisée par le « désir de tuer, de maltraiter, d'humilier ou de souil- « ler l'être qui est l'objet du désir génésique, et l'ac- « complissement de ce désir est toujours nécessaire « et parfois suffisant pour produire chez le perverti « la satisfaction sexuelle. » (Lasserre. Thèse de Bordeaux, 1898.

« Dans cette perversion — nous y insistons — la volupté et la cruauté se trouvent associées, c'est ce qui la caractérise. Aussi n'est-ce pas seulement pendant la période révolutionnaire que s'est exercée la folie sadique. Chaque fois que le peuple s'est trouvé emporté dans un remous formidable, guerre ou émeute, on a pu noter des cas typiques de cette psychopathie sexuelle.

Dès que la foule répand le sang, elle éprouve d'abord une nausée; si elle ne s'arrête pas, et si elle surmonte son premier dégoût, elle se délecte passionnément et s'acharne sur sa proie, comme un alcoolique sur sa victime. Elle frémit alors de jouissance voluptueuse.

« Que ce soit aux exécutions des lépreux, aux Vêpres siciliennes, à la Saint-Barthélémy, aux prisons de septembre, plus récemment aux boucheries d'Arménie et aux assommades des juifs algériens,

cet instinct se réveille toujours avec la même âpreté.
Profanations de cadavres, mutilations, viols, cannibalisme, telle est la conséquence inévitable de ces
explosions de rut sanguinaire. » (Cabanès et L. Nass).

CHAPITRE III

La Folie religieuse

« Dans la religion de la foule se retrouvent très souvent les instincts de vandalisme et de sadisme.

L'homme a fait Dieu à son image. Il lui a donné ses besoins et ses impulsions.

Les dieux grecs étaient des maîtres en fait d'adultère et de vols.

Les dieux de nombreux peuples sont des tyrans ivres de sang. Les rites sont des tueries. Il leur faut des victimes. Il nous faudrait citer presque toutes les religions, depuis celle des druides jusqu'aux plus grossiers fétichismes. » (Rémond et Voivenel).

Ce champ d'étude est réellement trop vaste. Aussi nous contenterons-nous de glaner çà et là et de prendre les observations les plus caractéristiques de folie. Nous prendrons cette foule malade dans l'antiquité, pendant la Révolution française, et à notre époque.

Antiquité. — Remarquons en passant les sacrifices des druides. L'homme est la victime.

Dans toute religion, avant le christianisme, il y a toujours au moins une victime, animale ou humaine. Les augures, ces augures qui ne savent pas se regarder sans rire, consultent les entrailles des victimes. La divinité courroucée veut souvent du sang humain et le sacrifice d'Iphigénie nous valut un de nos joyaux littéraires.

Elles sont innombrables aussi les religions où le fidèle se flagelle et se torture, en proie à un sadisme inconscient, depuis l'ascétisme chrétien jusqu'aux suicides de l'Inde.

Voici l'horrible dieu de Carthage, Moloch et ses fidèles « les Dévoués ».

« On fit entrer dans l'enceinte les Dévoués, étendus sur terre en dehors. On leur jeta un paquet d'horribles ferrailles et chacun choisit sa torture. Ils se passaient des broches entre les seins, ils se fendaient les joues, ils se mirent des couronnes d'épines sur la tête, puis ils s'enlacèrent par les bras et, entourant les enfants, ils formaient un autre grand cercle qui se contractait et s'élargissait. Ils arrivaient contre la balustrade, se rejetaient en arrière et recommençaient toujours, attirant à eux la foule par le vertige de ce mouvement, tout plein de sang et de cris. Peu à peu, des gens entrèrent jusqu'au fond des allées; ils lançaient dans la flamme des perles, des vases d'or, des coupes, des flambeaux, toutes

leurs richesses; les offrandes de plus en plus deve-
naient splendides et multipliées. Enfin un homme
qui chancelait, un homme pâle et hideux de terreur,
poussa un enfant; puis on aperçut entre les mains
du colosse une petite masse noire; elle s'enfonça
dans l'ouverture ténébreuse. Les prêtres se penchè-
rent au bord de la grande dalle, et un chant nouveau
éclata, célébrant les joies de la mort et les renais-
sances de l'éternité».

Le Moloch carthaginois est un horrible dieu à qui
on doit immoler, innombrables, des enfants. Sa statue
est en métal. Dans son sein on entretient une four-
naise où l'on précipite les victimes.

« Les bras d'airain allaient plus vite. Ils ne s'arrêtaient plus. Chaque fois que l'on y posait un enfant,
les prêtres de Moloch étendaient la main sur lui,
pour le charger des crimes du peuple, en vociférant :
« Ce ne sont pas des hommes, mais des bœufs! » et
la multitude à l'entour répétait : Des bœufs, des
bœufs! » Les dévots criaient : « Seigneur, mange! »
et les prêtres de Proserpine, se conformant par la
terreur au besoin de Carthage, marmottaient la formule éleusiaque : « Verse la pluie! enfante! »

Les victimes à peine au bord de l'ouverture dispa-
raissaient comme une goutte d'eau sur une plaque
rougie, et une fumée blanche montait dans la grande
couleur écarlate.

Cependant l'appétit du dieu ne s'apaisait pas. Il
en voulait toujours. Afin de lui en fournir davantage,

on les empila sur ses mains avec une grosse chaîne
par dessus qui les retenait. Des dévots au commencement avaient voulu les compter, pour voir si leur
nombre correspondait aux jours de l'année solaire;
mais on en mit d'autres, et il était impossible de les
distinguer dans le mouvement vertigineux des horribles bras. Cela dura longtemps, indéfiniment, jusqu'au soir. Puis les parois intérieures prirent un
éclat plus sombre. Alors on aperçut des chairs
qui brûlaient. Quelques-uns même croyaient reconnaître des cheveux, des membres, des corps entiers.
Le jour tomba; des nuages s'amoncelèrent au-dessus
du Baal. Le bûcher, sans flammes à présent, faisait
une pyramide de charbons jusqu'à ses genoux; com-
plètement rouge, comme un géant tout couvert de
sang, il semblait, avec sa tête qui se renversait,
chanceler sous le poids de son ivresse.

A mesure que les prêtres se hâtaient, la frénésie du
peuple augmentait; le nombre des victimes diminuant,
les uns criaient de les épargner, les autres qu'il en
fallait encore. On aurait dit que les murs chargés de
monde s'écroulaient sous les hurlements d'épouvante
et de volupté mystique. Puis les fidèles arrivèrent
dans les allées, traînant leurs enfants qui s'accro-
chaient à eux; et ils les battaient pour leur faire
lâcher prise et les remettre aux hommes rouges. Les
joueurs d'instruments quelquefois s'arrêtaient épui-
sés; alors on entendait les cris des mères et le grésil-
lement de la graisse qui tombait sur les charbons.

Les buveurs de jusquiame, marchant à quatre pattes, tournaient autour du colosse et rugissaient comme des tigres; les Yidonim vaticinaient, les Dévoués chantaient avec leurs lèvres fendues; on avait rompu les grillages, tous voulaient leur part du sacrifice; et les pères, dont les enfants étaient morts autrefois, jetaient dans le feu leurs effigies, leurs jouets, leurs ossements conservés. Quelques-uns qui avaient des couteaux se précipitèrent sur les autres. On s'entr'égorgea. Avec des vans de bronze, les hiérodoules prirent au bord de la dalle les cendres tombées; et ils les lançaient dans l'air, afin que le sacrifice s'éparpillât sur la ville et jusqu'à la région des étoiles. »

Révolution Française. — Au seuil de la Révolution française la France semble avoir été rendue incrédule par Voltaire.

Pourtant ni Voltaire n'a pu, ni les grands génies ne pourront jamais rien contre cet axiome qu'a formulé Émile Faguet :

« L'homme a besoin de croire à quelque chose qui n'est pas prouvé, ou, en d'autres termes, il a besoin de croire à quelque chose à quoi l'on ne peut croire qu'en y croyant, car l'homme est un animal mystique ».

Malgré Voltaire, au dix-huitième siècle, « on aimait sans doute très peu les miracles, mais chacun avait soif de merveilleux » (Paul de Rémusat : Le merveilleux autrefois et aujourd'hui, *Revue des Deux-Mon-*

des, 15 novembre 1861). Mesmer fait son entrée à Paris l'année même où Voltaire vient d'y mourir.

Au temps de Voltaire apparut, en effet, une des plus étranges névroses religieuses de l'histoire. Les convulsionnaires de Saint-Médard se rendirent célèbres par leurs folies hystériques.

Vers le commencement de 1729, le bruit se répandit que des miracles avaient été obtenus par l'intercession d'un simple diacre, nommé François de Pâris, mort en 1727. Pâris fut un janséniste farouche qui communiait avec ferveur une fois l'an. Habitant une cabane de planches au faubourg Saint-Marcel, il se condamnait aux plus dures privations pour consacrer aux pauvres ses dix mille livres de rentes.

Le cardinal de Noailles, évêque de Paris, permit qu'on lui élevât, dans le cimetière de Saint-Médard, un tombeau en marbre. Ce lieu devint vite extraordinaire.

Dans la foule qui s'y rendait, des personnes tout à coup saisies de spasmes convulsifs, en proie à une sorte de délire extatique, prétendaient prédire l'avenir. D'autres y trouvaient la guérison de leurs maladies ou se disaient guéries. Des infirmes y furent de tous coins comme aujourd'hui à Lourdes. Tous étaient agités de violentes convulsions ; aussi les appela-t-on *convulsionnaires*.

Bientôt le sadisme se mêla fatalement à la névrose religieuse. Des femmes se soumettaient à de vrais supplices appelés *secours*, dans leur langage mystique. De jeunes hommes, appelés *secouristes*, leur labouraient le corps à l'aide d'un bâton pointu appelé *sucre d'orge*.

Le *biscuit* était une pierre de cinquante livres qu'on élevait avec une poulie et qu'on laissait retomber sur la patiente. Plusieurs se firent attacher à des croix. D'autres reçurent des coups d'épée. Un phénomène apparut qui troubla les esprits : l'*insensibilité* aux supplices. Inconnue alors, c'était l'anesthésie hystérique ; mais la foule y voyait soit l'action de Dieu, soit l'action du Diable.

En 1732, les scandales avaient été tels qu'on défendit l'approche du tombeau sur la porte duquel un loustic écrivit :

> De par le roi, défense à Dieu
> De faire miracle en ce lieu.

Malgré cette interdiction, « en 1733, à l'anniversaire de la fermeture du cimetière, on vit devant la porte plus de cinquante carrosses et une foule considérable de personnes de toutes conditions. Une sorte de secte s'organisa, qui eut ses chefs, ses réunions et une caisse nommée la *boîte à Perrette*.

On vit des illuminés reconnaître le prophète Élisée dans la personne d'un certain Vaillant. On les nomma *éliséens*. Ils donnèrent naissance à d'autres sectaires : les *figuristes*, les *discernants*, les *margouillistes*, etc. Les cris et les contorsions furent catalogués ; on distingua les *aboiements*, les *miaulements*, les *sauts*, etc. Un procès devant le Parlement de 1778 révéla que la boîte à Perrette contenait alors onze cent mille livres. La Révolution mit fin à ces désordres en détournant les esprits vers d'autres sujets ».

Ces sujets furent d'abord les luttes contre l'aristocratie, contre l'Europe coalisée; mais chez l'homme, l'animal mystique ne tarda pas à réapparaître et avec lui la nouvelle folie que fut le culte de la Raison.

Chaumette voulut que la fête de la Raison se célébrât dans l'église Notre-Dame. On glorifia l'Être suprême. Gossec avait fait les chants, Chénier les paroles. Naïvement, au lieu d'une statue, on préféra un simulacre animé et vivant qui, changé à chaque fête, *ne pourrait devenir un objet de superstition.* Ce furent généralement des demoiselles de familles estimées qui, de gré ou de force, durent représenter la Raison; celle-ci était vêtue de blanc avec un manteau d'azur.

La cérémonie était « chaste, triste, sèche, ennuyeuse ». La Raison sortait du temple de la philosophie, jetait sur l'Assistance un doux sourire. Elle rentrait, et l'on chantait encore. On attendait. C'était tout.

De même que chez un aliéné les crises d'excitation et de dépression alternent, de même nous voyons tour à tour chez cette curieuse foule révolutionnaire des crises de folie furieuse et de philosophisme naïf.

APRÈS LA RÉVOLUTION FRANÇAISE. — La névrose religieuse se retrouve partout, dans les foules européennes et dans les foules asiatiques et africaines.

En Europe, nous nous contenterons de citer les différents Christ qui éclosent de temps en temps en Angleterre ou en Amérique.

L'exemple classique est celui de Lourdes, Lourdes défendue par Huysmann dans les *Foules de Lourdes*. Sans aller jusqu'à la folie des prêtres qui essaient dans *Lourdes* de Zola de ressusciter un mort, il est certain que la névrose des foules de Lourdes est extrême. Elles sont en proie à la folie mystique la plus prononcée. Hommes et femmes se prosternent, crient, supplient, s'exaspèrent dans la prière, se battent désespérément la poitrine.

« Dehors, les prières continuaient, un *furieux* appel de voix qui se perdaient dans le ciel. La clameur de la foule, le cri sans cesse répété de « Seigneur! guérissez nos malades! Seigneur! guérissez nos malades! » (Zola).

Dans les foules africaines ou asiatiques, la névrose religieuse se caractérise par son caractère sanglant. Voici les tueries du Dahomey si connues; dans l'Inde, ce sont les prosélytes qui se jettent sous les roues du char de la divinité pour se faire écraser; ce sont encore les déments étranges qui tiennent embrassée une statue métallique incandescente jusqu'à ce qu'ils soient carbonisés.

En Afrique, voici les Aïssaouas :

Les *Aïssaouas* sont les disciples du marabout marocain Sidi-Mahomed-ibn-Aïssa. Ils prétendent qu'Allah les gratifia d'une absolue immunité. Ils avalent des scorpions vivants, des clous, des rognures de vitres; ils se passent dans les chairs de longues aiguilles; ils se fustigent avec des lames de sabre, s'enfoncent un poinçon dans la paupière jusqu'à ce que l'œil sorte de l'orbite. Ils commencent par s'insensibiliser à l'aide d'une danse sur place accompagnée de mouvements saccadés d'avant en arrière, en se plaçant tout près d'un brasier. Ils forment un ordre dont le chef suprême réside au Maroc.

Un tableau d'Eug. Delacroix (1838) intitulé *Les Convulsionnaires de Tanger* les représente.

« Dans une rue bordée de maisons à terrasses, une bande d'Aïssaouas court hurlante et folle au milieu de la foule qui s'écarte pour lui livrer passage; les uns se mordent les bras, les autres trépignent, écument, se contorsionnent, suivis d'un chaouch à cheval qui veille sur leur dévotion épileptique. Il y a dans cette toile une incroyable turbulence de mouvement que personne n'a dépassée; il y a surtout une couleur chaude, transparente et légère, dont le charme tempère ce que le sujet peut avoir de répugnant. »

CHAPITRE IV

Folies diverses

a) Les extravagances de la Mode

Nous tirons presque tous ces renseignements du livre de Cabanès et L. Nass.

La folie de la mode est éminemment contagieuse.

Une des modes les plus bizarres fut, dès Louis XVI, la mode des « poufs » ou chapeaux extraordinaires. La femme d'un marin porte une coiffure représentant une frégate. Le chapeau de l'épouse d'un officier représente des fortifications. Une femme a sur sa coiffure cinq poupées qui représentent ses cinq enfants.

Dans l'ouvrage du comte de Seisel, sur les modes et usages au temps de Marie-Antoinette, nous pouvons voir la description de poufs extraordinaires. Parmi les poufs les plus célèbres du règne de Louis XVI, l'un était qualifié de pouf à la circonstance, à cause du changement de règne, et l'autre de *pouf à l'inoculation.*

Dans le premier, on voyait à gauche un grand cyprès
garni de soucis noirs, au pied duquel était un crêpe
arrangé de manière à représenter ses nombreuses
racines; à droite, il y avait une grosse gerbe de blé
couchée sur une corne d'abondance, d'où sortaient à
foison des figues, des raisins, des melons et autres
fruits parfaitement imités avec des plumes blanches.
L'ensemble prouvait que, tout en pleurant Louis XV,
on attendait des merveilles du nouveau règne.

Le second pouf n'était pas moins ingénieux.
Mᵐᵉ Bertin y avait placé un soleil levant, un olivier
chargé de fruits, autour duquel s'enlaçait un serpent,
qui soutenait une massue entourée de guirlandes de
fleurs. Voici l'explication que l'on donnait à cette
coiffure : le serpent représentait la médecine; la
massue, l'art dont elle s'était servie pour terrasser
le monstre variolique; le soleil levant, donnait l'em-
blème du jeune roi vers lequel se tournaient les
espérances des Français, et on trouvait dans l'olivier
le symbole de la paix et de la douceur que répandait
dans les âmes l'heureux succès de l'opération à
laquelle le roi et les princes s'étaient soumis.

La reine porta la première le pouf à l'*inoculation,*
et bientôt toutes les dames de la cour l'imitèrent.
Cette coiffure coutait dix louis. Mᵐᵉ Bertin ne pouvait
suffire à en fournir. »

Les bonnets eux-mêmes deviennent extraordinaires. « Les bonnets en *pouf,* de même que les bonnets

en *parc anglais*, en *moulin à vent*, à la *Belle-Poule*, à la frégate *La Junon*, eurent une vogue prodigieuse. »

Dans le bel ouvrage de Quicherat sur l'histoire du costume en France, on peut lire une série d'anecdotes montrant sur le vif cette folie de la mode.

En 1775, un jour d'été, Marie-Antoinette paraît devant Louis XVI avec une robe de taffetas sombre. — « Tiens, c'est la couleur des puces ! » — s'écrie le roi. Le mot fait fortune, toute la Cour se met en couleur de puce. Paris et la province imitent la Cour.

« Quand, à la suite d'une grossesse, Marie-Antoinette ayant perdu une partie de ses cheveux, se résignera à la coiffure basse, aussitôt la mode d'adopter ce genre de coiffure, connue sous le nom de *coiffure à l'enfant* et dont toutes les têtes s'accommoderont à l'envie (Cabanès). »

Dès 1787, la mode s'inspire des événements politiques. On porte des *gilets à la notable*, puis quand le cardinal de Rohan est emprisonné à la Bastille un *chapeau couleur de cardinal sur la paille*.

Ensuite les femmes s'habillent en *Natim*, en *Vestale*, en *Passion*.

Plus la révolution s'accentue et plus s'accentue avec elle la folie de la mode.

Les éventails se couvrent d'assignats ou de scènes patriotiques.

Au moment des exécutions, les femmes se mirent à porter des coiffures *à la sacrifiée* qui les faisaient

ressembler à des condamnées parées pour la guillotine. On eut des bonnets *à la lucarne.*

C'est ensuite l'apparition du costume antique. On
revêt la chlamyde ou le peplum, Mlle Maillard, Mme
Dugazon, etc. Puis les grecques, Mme Tallien, etc.

La Terreur terminée, on voit surgir les *muscadins.*

La Révolution n'a d'ailleurs pas eu le privilège de
la folie de la mode. La foule a eu souvent l'âme d'un
Alcibiade ou d'un lord Brummel. Les muscadins ont
existé de tout temps. Voici au dix-neuvième siècle
les dandys, dont le plus illustre fut notre malheureux
et névrosé Musset.

Pas une maladie infectieuse n'est contagieuse
comme la folie de la mode. Plus que jamais la foule
est folle à ce point de vue. Il nous suffira d'évoquer
les falotes silhouettes de nos « gommeux » les cols
de supplices, les souliers filiformes, les badines ridi-
cules et les monocles grotesques.

Il suffit qu'une fois à Londres Édouard VII ait mis
ses gants en laissant voir par un retroussis leur dou-
blure et son poignet, pour que frénétiquement les
« gens chics » aient adopté cette mode.

Ah! quelle belle hystérique est la foule !

b) Les suicides épidémiques

Les suicides épidémiques sont encore une des variétés de la folie de la foule. Jamais ils ne furent si

marqués que pendant la Révolution française. Dé-
sespoirs d'amour, suicides de proscrits ; c'est Claviè-
res, c'est Barbaroux, c'est Lidon, Chambon, Rebecqui,
Louvet, Gaillard, le spirituel et mordant Chamfort,
M. de Chanteramé, le jacobin Charlier, le médecin
Géni, le capucin Chabot, etc.

« Etrange passion que celle du suicide, écrit Pros-
per Lucas, elle est contagieuse, elle est épidémique,
elle est une des esclaves de la loi d'imitation. Cette
loi de psychologie morbide se vérifie par de nombreux
exemples. Tous les jours, nous sommes à même d'en
apprécier la rigoureuse exactitude. Qu'un suicide
sensationnel soit raconté par la presse dans tous ses
détails, bientôt il sera répété, avec le même art, par
quelques déséquilibrés. Au lendemain de l'affaire
Syveton, on a noté plusieurs asphyxies volontaires
par le gaz, les désespérés s'étant placés dans la bouche le fatal tuyau de caoutchouc. Au cours de la
guerre russo-japonaise, quelques officiers du Mi-
kado s'étant ouvert le ventre sur le champ de bataille,
des déséquilibrés parisiens se sont fait harakiri.

Ce n'est pas seulement le suicide qui est épidémique, mais aussi le genre du suicide. Il y a une mode
pour la mort volontaire. Après la première de *Werther*, deux personnes, suggestionnées par les aven-
tures du héros de Gœthe, firent comme leur modèle,
et se tirèrent des coups de revolver. Aussi Mᵐᵉ de
Staël disait-elle de Werther qu'il avait causé plus
de suicides que les femmes les plus infidèles.

Nos confrères Vigouroux et Juquelier ont rapporté deux observations typiques, qui montrent le rôle joué par la contagion dans l'auto-homicide. En 1772, treize invalides se pendaient successivement en peu de temps, à un crochet, sous un passage obscur de l'Hôtel. On condamna le passage, et l'épidémie s'éteignit.

En 1805, au camp de Boulogne, plusieurs faction-naires s'étaient fait, à quelques jours d'intervalle, sauter la cervelle dans une guérite. On brûla la guérite, simple mesure qui suffit à enrayer le mal.

Ce caractère contagieux est surtout marqué dans les cas de suicide collectif. Il a existé, il existe, paraît-il, des clubs dont les membres sont tenus de se supprimer suivant les indications du tirage au sort. Mais c'est surtout en Russie, pays de mysti-cisme, que les épidémies d'auto-homicide ont causé d'immenses ravages.

Au temps des persécutions religieuses, les prophè-tes se levaient pour prêcher la mortification, puis la destruction de soi-même. Les gens se laissaient mourir de faim ou s'enterraient vivants. Puis comme les holocaustes n'étaient pas encore assez nombreux, ils préconisèrent le suicide par le feu. Le Nord, le Nord-Est de la Russie et une partie de la Sibérie furent ravagés par ce fléau d'un nouveau genre. Une seule fois, six cents personnes périrent du même coup dans les flammes. M. Van Stohoukine, l'histo-rien des religions russes, estime à vingt mille le nombre des victimes de 1675 à 1691. Il cite même un cas où un bûcher dévora 2.500 vies humaines, qui se sacrifiaient dans l'espoir d'un monde meilleur.

Pendant le dix-neuvième siècle, on a constaté une vingtaine de cas de suicides collectifs chez les vieux croyants. Le dernier remonte aux années de 1896 et 1897, où vingt-quatre personnes se firent périr sous le coup de la terreur des persécutions religieuses et politiques.

Le suicide est donc une conséquence fréquente de la névrose sociale. Chez des peuples prédisposés à cette maladie et qui possèdent un mysticisme oriental, il règne à l'état endémique.

En France, vienne la Révolution, le mal s'établit avec son caractère contagieux, chaque fois que la société sera bouleversée dans ses fondements par une de ces terribles rafales, révolution, guerre ou cataclysme ; lorsqu'un ébranlement nerveux la secouera profondément et rompra l'harmonie de ses facultés psychiques, il faudra s'attendre à une recrudescence de suicides.

La Révolution française ne pouvait échapper aux effets de cette loi. Si l'on en croit Prudhomme, il faut compter environ trois mille sept cents personnes qui, sous la Terreur, se donnèrent volontairement la mort. D'après Diré, le chiffre en dépasserait dix mille.

A la vérité, les documents authentiques manquent pour en établir exactement le nombre. Nous ne connaissons guère que le suicide des politiciens ou des prisonniers qui, voulant échapper à la guillotine, préféraient en finir avec les tourments physiques et moraux. D'autre part, beaucoup de citoyens firent courir le bruit de leur mort, qui, en réalité, avaient émigré et dépistaient les recherches en faisant croire à leur décès. Cependant, en l'absence d'une statistique impossible à établir, nous pouvons, par la longue liste de suicidés que nous a transmise l'histoire, nous faire une idée approximative de l'intensité de l'épidémie. Les uns étaient, comme les Girondins ou comme Robespierre et ses partisans, acculés dans une impasse politique d'où ils ne pouvaient sortir vivants. Chez ceux-là, le suicide s'explique aisément. D'autres, au contraire, virent trouble dans la tempête qui secouait Paris et la province; ils se tuèrent dans la crainte d'un pire destin. D'aucuns enfin — victimes irresponsables et innocentes — ne surent pas survivre à la perte d'un être cher. »

c) Variabilité de la foule

La foule présente souvent les symptômes que présente une femme hystérique. Nous avons vu des stigmates de son baptême en étudiant les convulsionnaires, de son épilepsie en étudiant les Aïssaouas.

Une des caractéristiques de l'hystérique, c'est sa variabilité et son instabilité.

La foule la présente au maximum. Elle porte en triomphe un homme qu'elle allait massacrer.

Un des plus curieux exemples est celui de l'abbé Maury. Plusieurs fois, il faillit être tué. Chaque fois, le danger se changea en triomphe grâce à ses réparties.

Un jour la foule le menace :

— A la lanterne! à la lanterne!

— Eh bien! y verrez-vous mieux quand je serai pendu?

Cela suffit à déclancher l'enthousiasme.

Voici enfin un exemple récent de l'instabilité et de l'hystérie de la foule. C'est l'affaire Soleillant.

La petite Marthe Erbelding a été assassinée et violée.

Chaque année, des petites Marthe sont violées et assassinées. Les journaux en parlent, la foule lit, s'indigne, et c'est tout.

Dans ce cas particulier, l'indignation passant d'une sensibilité à l'autre s'est augmentée. Elle a fait avalanche. La foule a gémi, elle a crié. Paris s'est contagionné, la province aussi et l'on peut dire qu'une grosse partie de la France a pris en cette circonstance des attitudes passionnelles.

L'indignation était profondément juste, profondément raisonnable, mais ses manifestations ont pris une intensité morbide.

CONCLUSIONS

1° Les folies des foules sont fréquentes. Il semble que plusieurs âmes normales, en se combinant, se transforment comme les corps chimiques.

2° La folie de la peur s'empare souvent des populations. Elles commentent des faits réels de façon délirant ; elles ont de véritables hallucinations. La peur est créée soit par des brigands, soit par des ennemis politiques — soit par une épidémie — soit par un mysticisme exagéré.

3° La folie du vandalisme et du sadisme paraît cependant encore plus fréquente que la folie de la peur.

Vandalisme et sadisme sont habituellement

mêlés. Il semble que les instincts ont chassé la raison. L'homme discipliné a fait craquer sa discipline et se trouve la bête qui luttait furieusement pour son existence et même pour son amour.

4° La névrose religieuse a existé de tout temps.

L'homme, dit Faguet, est un animal mystique ; l'expérience paraît le démontrer. En tout cas, il est fort suggestif que ce soit le siècle de Voltaire qui vit apparaître les folies des convulsions. Le xxᵉ siècle ne voit-il pas d'ailleurs des folies aussi célèbres ?

5° La foule présente souvent les caractères d'une femme hystérique. Elle se livre aux extravagances de la mode. Elle fait montre parfois d'une variabilité et d'une instabilité extrême.

6° « Enfin les causes des folies de la foule sont diverses.

C'est tantôt la superstition, l'étouffement systématique de l'intelligence comme en l'an 1000 ; tantôt l'usure d'une race comme dans la décadence romaine ; tantôt une perturbation de l'état social comme dans toutes les révolutions.

A notre époque toutes ces causes de folies existent. Ce n'est pas l'étouffement de l'intelligence qui peut, au XXᵉ siècle, causer une névrose religieuse, mais cette névrose subsiste parce que l'homme est un animal éminemment mystique.

La civilisation semble devoir augmenter les causes de folie. Les cerveaux surchauffés se heurtent plus fréquemment et s'écaillent, et «les Civilisés» de Claude Farrère, par exemple, sont de parfaits fous. » (Rémond et Voivenel).

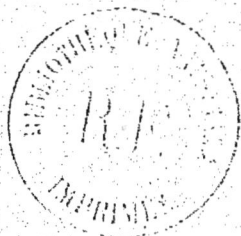

INDEX BIBLIOGRAPHIQUE

Francisque Mège. — La Grande Peur.

A. Mosso. — La Peur.

Baron Poisson. — L'armée et la garde nationale.

Taine. — Origines de la France contemporaine.

Dr Cabanès. — La peste dans l'imagination populaire, in *Archives de parasitologie,* 1901.

Jean Richepin. — Contes de la décadence romaine.

Lombroso. — L'homme criminel.

Dr Moll. — Des perversions de l'instinct génital.

Dr Lasserre. — La perversion sadique. Thèse Bordeaux, 1898.

Gust. Le Bon . — L'homme et les sociétés.

Tarde. — Les lois de l'imitation.

Vigouroux et Juquelier. — La contagion mentale.

Halberstadt. — La folie par contagion mentale. Th. Paris, 1906).

Eydoux. — L'assassinat du général Ramel.

Quicherat. — Histoire du costume en France.

Rémond et Voivenel. — Les folies de la foule.

Ed. Henry. — Vandales et iconoclastes.

Baudrillart. — Le luxe public et la Révolution.

Bournand. — La Terreur à Paris.

Richer. — L'art et la médecine.

G. Bertin. — Histoire socialiste : La Constituante.

Cabanès et L. Nass. — La névrose révolutionnaire.

Duprat. — Les causes sociales de la folie.

Féré. — Dégénérescence et criminalité.

Tarde. — L'opinion et la foule.

Gilbert Ballet. — Traité de Pathologie mentale.

Rémond (de Metz). — Manuel des maladies mentales.

Colin. — Débilité mentale : Une famille d'aliénés (*Ann. méd. psych.*, 1870).

Taguet. — Folie relig. à cinq (*Ann. méd. psych.*, 1886).

Weygandt. — Les épidémies psychiques, 1905.

Trénel. — Maladies mentales familiales (*Ann. méd. psych.*, 1900).

Imprimerie Coopérative Toulousaine, rue Peyrolières, 39.